GLORIA Y OCASO DEL FMI

De motor económico
a instrumento de poder

Jorge Zicolillo

GLORIA Y OCASO DEL FMI

De motor económico
a instrumento de poder

CONJURAS

 L.D. Books

Gloria y ocaso del FMI
©Jorge Zicolillo, 2014

 **L.D. Books**

D.R. ©Editorial Lectorum, S.A. de C.V., 2014
Batalla de Casa Blanca Manzana 147 A Lote 1621
Col. Leyes de Reforma, 3a. Sección
C. P. 09310, México, D. F.
Tel. 5581 3202
www.lectorum.com.mx
ventas@lectorum.com.mx

L.D. Books Inc.
Miami, Florida
ldbooks@ldbooks.com

ISBN: 978-1500536601

Colección **CONJURAS**

D.R. ©Portada e interiores: Mariel Mambretti
Fotografía de portada: sobre original de David Dennis

Introducción

En los años 90 del pasado siglo, la llegada de los inspectores del Fondo Monetario Internacional a cualquiera de los llamados "países emergentes" podía equipararse con la entrada de los reyes a una ciudad en los tiempos dorados de la monarquía. Los súbditos debían postrarse a sus pasos. Rodeados de hermetismo y alojados en los mejores hoteles, los príncipes fondomonetaristas llegaban para controlar que la política económica que habían ordenado se estuviese llevando a cabo. En ese rubro, la soberanía de ese rango de países no pasaba de la ficción.

El oscuro cortejo tenía a su vez una jerga propia. "Ajustes estructurales" era su sofisticada forma de referirse a un manojo de medidas que incluían, entre otras "panaceas":

+ Fuerte reducción de los gastos del Estado en salud, educación y asistencia social.

+ Privatización de las empresas públicas a cambio de los intereses impagos de la deuda externa a los bancos.

+ Absoluta desregulación del movimiento de los capitales.

Esto último era algo así como asegurarles a los dineros especulativos y a los "fugadores" de divisas que nadie habría de molestarlos mientras perpetraban su saqueo.

Pero, claro, era importante no descuidar las formas. En otros tiempos, esos dignatarios, o aquellos a los que representaban, habían debido recurrir a las dictaduras militares. Pero los tiempos cambian, y si bien por ese método sus objetivos se habían cumplido, ahora debían ser los parlamentos de esos países los que votaran el desempleo, la baja de los salarios, la pérdida de añosas conquistas sociales...

No era difícil lograrlo. La espada de Damocles era el gran aliado de los fondomonetaristas. Si las leyes requeridas no se promulgaban, no habría refinanciación de la deuda, y el país caería en el pecaminoso abismo de la cesación de pagos. O directamente "se caería del mundo", según la gráfica figura tantas veces esgrimida por propios y aliados.

Por aquellos años, una civilizada Europa, relativamente preservada de la voracidad financiera, al menos de la más salvaje, observaba con mirada adusta el comportamiento del Tercer Mundo y aprobaba la severidad del Fondo para con los deudores.

Pero, al terminar los años 90, la máscara del monetarismo de Milton Friedman había empezado a derretirse y el verdadero rostro del modelo neoliberal comenzaba a quedar a la vista.

Países con deudas públicas insostenibles, "ajustes estructurales" a repetición, cada uno más cruel que el otro, y un gigantesco sistema financiero engordado en detrimento de la producción de bienes surgían como hongos. Pero el ciclo no podía seguir repitiéndose y, en América Latina, acabó volando por los aires.

Argentina quebró. Ya no había forma de seguir pagando una deuda externa descontrolada; las política económicas ordenadas por el FMI habían destruido no sólo la estructura productiva del país sino también casi todo el tejido social.

Al concluir la primera década del siglo XXI, el verdadero rol ejercido por Fondo Monetario Internacional desde los años 70 y 80 había quedado claro: él era el "cobrador" de última instancia. Con préstamos a los países con dificultades en sus deudas externas o desmadres en sus sistemas financieros, el FMI se ocupaba de que los bancos recuperasen sus dineros colocados en operaciones especulativas y descargaba sobre los Estados el peso de las pérdidas bancarias.

Entre 1997 y 2000, Joseph Stiglitz, quien había sido presidente del Consejo de Asesores Económicos del presidente Bill Clinton, se convirtió en economista jefe del Banco Mundial. Imaginaba que, desde allí, podía ayudar a recomponer economías seriamente dañadas por una globalización que tenía efectos devastadores en los países periféricos. Pero se equivocó.

Amargamente comprobó que el binomio FMI-Banco Mundial no intervenía en los países con problemas económicos o financieros para ayudar a resolverlos, sino para custodiar el dinero de los prestamistas privados. Y dos años después de haber abandonado su sillón en el Banco Mundial, un Stiglitz desencantado escribió:

"Cuando la crisis golpeó, el FMI prescribió soluciones viejas, inadecuadas aunque 'estándares', sin considerar los efectos que ejercerían sobre los pueblos de los países a los que se aconsejaba aplicarlas. Rara vez vi predicciones sobre qué harían las políticas con la pobreza; rara vez vi discusiones y análisis cuidadosos sobre las consecuencias políticas alternativas: sólo había una receta y no se buscaban otras opiniones. La discusión abierta y franca era desanimada; no había lugar para ella. La ideología orientaba la prescripción política y se esperaba que los países siguieran los criterios del FMI sin rechistar".

Pese a sus duras, durísimas críticas, Stiglitz, en apariencia, jamás dudó de la buena fe de los burócratas fondomonetaristas; y, si lo hizo, jamás lo expresó en público. No era sencillo compartir su mirada en ese aspecto.

Cualquier economista con una cierta experiencia en la materia infiere, por ejemplo, cuáles serán las consecuencias cuando se exige a los países emergentes abrir sus mercados, obligándolos a competir en igualdad de condiciones con las manufacturas de las potencias industriales. Pero lo cierto es que su desencantada voz al fin se hizo notar.

Para cualquier economista más o menos avezado, aceptar que las recomendaciones del FMI se formulen, exclusivamente, desde un dogmatismo académico, suena desde todo punto de vista (y al menos) ingenuo.

El Fondo, en realidad, opera como polea de transmisión de los intereses de los países ricos, en especial, de los intereses de Estados Unidos, pero más particularmente, del poder financiero internacional.

Sus intervenciones han sumido en la miseria a millones de seres humanos en el Tercer Mundo y en la Europa del Este; y hoy está procediendo del mismo modo con la periferia europea.

En cada una de sus intervenciones en los más de 100 países a los que llegó con el propósito de "reestructurar" la economía, reclamó a los gobiernos proceder a lo que, eufemísticamente, denominó "flexibilización laboral", que en los hechos consistía en barrer todo tipo de estabilidad para los trabajadores. Y lo reclamó con el argumento de que ese tipo de política, al remover los costos que les producían a las empresas los despidos, permitía que éstas se animaran a contratar más trabajadores.

El objetivo, en verdad, era otro. La "flexibilidad laboral", por un lado, les permitía a las multinacionales que adquirían empresas públicas que se privatizaban disminuir la plantilla de trabajadores con costos mínimos. Por otro, les facilitaba a todas las empresas, fueran parte de las privatizaciones o no, ajustar salarios a la baja, exigiendo, además, mayor productividad a sus empleados, con el garrote de que, si no aceptaban las nuevas condiciones, irían a la calle sin indemnización alguna.

Repasaremos aquí algunas de las intervenciones del Fondo Monetario Internacional y su hermano, el Banco Mundial, y las consecuencias que ellas produjeron. También, el cobijo que el tándem les proporcionó a las peores dictaduras de todo el mundo, a cambio de introducir políticas económicas antipopulares, anti-redistributivas y, en definitiva, generadoras de pobreza y desesperanza. Daremos algo de espacio además a prácticas que las políticas de ajuste y sus consecuentes crisis hacen posible, a la hipocresía del proteccionismo sólo aceptado si es unilateral, a la novedad de los "fondos buitres" que sobrevuelan los países más pobres, ya "ajustados" y acorralados.

Hoy en un lado, mañana en el otro, si bien sin el aura dorada de otros tiempos, el FMI parece querer aspirar a una inmortalidad perjudicial para muchos, pero sin duda muy beneficiosa para pocos.

Cada vez más "muchos"; y cada vez más "pocos".

Capítulo 1
DE LA PRODUCCIÓN A LA ESPECULACIÓN

"Al mismo tiempo que mejora la organización de los mercados de inversión, aumentan, sin embargo, los riesgos del predominio de la especulación. Los especuladores podrían no resultar perjudiciales si fueran como burbujas dentro de una corriente empresarial estable; lo grave se produce cuando es la empresa la que se convierte en una burbuja en medio del desorden especulativo".

John Maynard Keynes

En 1945, cuando concluyó la Segunda Guerra Mundial, y muchos comprendieron que la génesis del nazismo y, por supuesto, de la horrorosa guerra, había estado en la economía, creyeron que había llegado el momento de asegurar no sólo la estabilidad financiera de las naciones, sino también un cierto estado de bienestar para los pueblos; al menos, para los pueblos de las naciones que, en mayor o menor medida, habrían de regir los destinos del mundo.

Quedaba claro —o al menos eso se suponía— que las condiciones humillantes y humanamente insostenibles que, en Versalles y finalizada la Gran Guerra, se le habían impuesto a la Alemania derrotada, habían traído a la larga más males que bienes. Y por lo menos algunos de los hombres que se reunieron ahora también victoriosos, pero en Yalta, supieron que no era conveniente llevar a los pueblos hasta el abismo; que hundirlos en la desesperación podría ser hundirse, y que a menudo la desesperanza hace concebir salidas cruentas y desventajosas para todos.

Ahora, otra vez aparecían una Alemania derrotada y devastada y una parte de Europa triunfante. Pero aparecieron también el Plan Marshall y la idea de fundar un banco internacional que funcionase como una suerte de prestamista de última instancia. En la necesidad de generar y extender los negocios, había que evitar que una parte del sistema colapsara y arrastrara al resto. Un Fondo Monetario Internacional (idea concebida en verdad antes de que se ganara oficialmente la guerra) podría ser de suma utilidad; un amortiguador, un colchón capaz de absorber los desequilibrios financieros que pudiesen padecer los países miembros de la cadena de negocios.

Se trataba de que las naciones tuviesen que recurrir lo menos posible a prestamistas privados, y por lo general predatorios, que se alzasen con las riquezas generadas por la sociedad. Y a fines de generar reglas medianamente parejas para todo el mundo, se recurrió también a un anclaje en el sistema monetario internacional: el patrón oro.

Almacenado en la base militar de Fort Knox, en Estados Unidos (el verdadero, indiscutido y privilegiado ganador de la Segunda Guerra Mundial), el oro tendría una conversión fija, en dólares, evitando así la especulación con las cotizaciones de las divisas.

Los orígenes

Pero había algo más que hacía presumir que, desde entonces, el mundo sería un lugar mucho más amigable para vivir: el keynesianismo había ganado la batalla cultural, y el Estado de Bienestar era el modelo económico aceptado y aplicado por los países desarrollados.

En ese "clima de época" nació oficialmente, en julio de 1945, en Bretton Woods (New Hampshire, Estados Unidos), el Fondo Monetario Internacional. Sus primeros berridos hacían suponer un avance sustancial respecto del modo en que los países centrales habían manejado la cuestión económica al finalizar la Primera Guerra Mundial. Pero, sin embargo, el bebé nacía con un veneno en sus entrañas.

Estados Unidos, que como dijimos había sido el gran beneficiario de la conflagración, rechazó de plano una propuesta de John Maynard Keynes, a la sazón representante británico, que hubiese resguardado al mundo y a la propia institución de lo que años más tarde sobrevino.

Keynes, consciente de que, si el oro era convertible a dólares Washington quedaría fuera del cepo cambiario al que eran sometidas todas las otras monedas, propuso que el FMI se convirtiese en un Banco Central Mundial y emitiese su propia moneda, el *Bancor*. Pero Estados Unidos dijo "no" e impuso su moneda como única referencia mundial del oro. Podría así emitir billetes verdes sin control alguno y gastar el oro sin tener que dar mayores cuentas al resto de las naciones. Y Keynes sabía que esto iba a pasar cuando la abundancia que le había dejado la guerra a Washington comenzase a declinar.

Cabe puntualizar que, a lo largo de las dos primeras décadas de su funcionamiento, el FMI logró resolver situaciones que desde antes de la Segunda Guerra Mundial habían sido como pequeñas guerras económico-financieras entre países. Las políticas que se conocieron como "empobrecer al vecino" funcionaban a partir de limitar casi indiscriminadamente las importaciones, restringir a los ciudadanos la posibilidad de la compra de divisas y devaluar la moneda. Con ello, se trataba de proteger las reservas de oro y de divisas, aunque se frenaba la producción, se disminuía el consumo y, consecuentemente, se aumentaba el desempleo, todo lo cual funcionaba como un espiral que reforzaba el círculo vicioso.

La instauración del patrón oro cortó de raíz el mecanismo devaluatorio como estrategia de competitividad –aunque también llevando su cápsula de veneno–, y la posibilidad con que contaban los países de poder acudir a créditos de largo plazo y con intereses perfectamente soportables fue terminando con las viejas políticas.

Las nuevas reglas de juego en la economía mundial, al menos (y en principio) entre los primeros 29 países que conformaron el FMI, sumadas a la imperiosa necesidad de productos de todo tipo que tenía Europa al terminar la guerra, eyectaron el comercio internacional hacia niveles que a las producciones nacionales les costaba abastecer. Las exportaciones manufactureras se transformaron en las grandes locomotoras de Europa y Japón (para Estados Unidos lo habían sido siempre), aún con desniveles competitivos, y un deslumbrante círculo virtuoso comenzó a crecer.

Las fábricas aumentaban sin cesar su producción, el desempleo caía, el consumo aumentaba, y los países recurrían al FMI en busca de recursos que les permitiesen ampliar y mejorar sus infraestructuras, más que resolver problemas de desequilibrios fiscales.

Entre 1948 y 1971, la producción industrial creció a una tasa promedio del 5,6%, arrastrando hacia arriba la calidad de vida de los ciudadanos. No todo habría de ser malo, después de todo. O, al menos, así lo parecía.

Dos golpes no previstos

En los primeros años de la década de los 70, el mundo y el clima de la posguerra habían desaparecido por completo. Estados Unidos y la Unión Soviética libraban la Guerra Fría, una confrontación que cada tanto amenazaba con pasar a los hechos. Y entre árabes e israelíes se había encendido un infierno en Medio Oriente. No había una guerra a gran escala declarada, pero buena parte del mundo estaba en lucha.

En los casi treinta años transcurridos desde finales de la Segunda Guerra Mundial hasta los primeros años de la década de los 70, la falta de manufacturas que había incentivado el comercio mundial era ya parte del pasado; y la competitividad comenzaba a ser un factor determinante para mover las economías de los países. Pero en ese nuevo escenario aparecerían dos estallidos que habrían de cambiar definitivamente el cuadro económico-político de la posguerra.

El primer golpe al esquema económico diseñado en Bretton Woods llegó el 15 de agosto de 1971. Ese día, el presidente de los Estados Unidos, Richard Nixon, le anunció al mundo que su país abandonaba unilateralmente el tipo de cambio fijo. En los hechos, presentaba la partida de defunción del patrón oro. Los descomunales costos que había implicado la guerra de Vietnam, el aumento del precio del petróleo, la decisión de Francia de reclamar el oro en metálico a cambio de los dólares habían llevado a Estados Unidos a un virtual estado de bancarrota. Dice la economista Marion Mueller:

"Desde ese momento, todo el comercio mundial se llevó a cabo usando los dólares que imprimía el tesoro de Estados Unidos, que no es más que dinero fiduciario, o simples papeles. Si hasta entonces el comercio internacional tenía validez al estar respaldado en oro, desde entonces comenzó a depender de una moneda fiduciaria, producida por la mayor imprenta del mundo. Las consecuencias de ese fatídico día fue que todos los países (que podían) comenzaron a acumular dólares, como una expansión del crédito de Estados Unidos que avanzaba sin freno y ahora sin las restricciones impuestas por Bretton Woods. El resto del mundo se vio obligado a acumular reservas en dólares, y estas reservas tenían que ser siempre crecientes, dado que, a la menor señal de que las reservas de un país hubiesen decrecido, se despertaban los especuladores monetarios que podían atacar la moneda de ese país y destruirla con una fuerte devaluación".

Para terminar, Mueller menciona los efectos que aquella decisión unilateral produce hasta nuestros días:

"Hasta los años 70, un país pobre como China no tenía ninguna injerencia en el comercio mundial: vendía poco y compraba poco al resto del mundo. La globalización de los años 80, facilitada por esta ampliación del dinero falso, ofreció grandes posibilidades a las empresas que, en la búsqueda de mano de obra barata, instalaron sus fábricas en China. Este fue el comienzo del proceso de desindustrialización que partió de Estados Unidos y siguió por Europa. Un proceso que destruyó la mayor cantidad de empleo en los países industrializados y que se transformó en un camino sin retorno".

El segundo estallido, que habría de sepultar para siempre las ilusiones de progreso indefinido que habían nacido al terminar la Segunda Guerra, ocurrió el 23 de agosto de 1973.

Ese día, la Organización de Países Árabes Exportadores de Petróleo (OPEP) decidió no exportar más petróleo a los países que habían apoyado a Israel durante la Guerra de Yom Kippur. Entre ellos estaba Estados Unidos, por supuesto, pero también todos sus aliados de Europa Occidental.

La medida adoptada por la OPEP fue un mazazo a la actividad económica de los países más industrializados del mundo. El aumento del precio del crudo, que se cuadruplicó, disparó fuertes procesos inflacionarios, y la falta de este insumo básico frenó considerablemente los motores de la economía. La recesión, entonces, no se hizo esperar.

Sobre llovido...

Sin embargo, si el aumento en el precio del crudo (y su consecuente escasez) apareció como uno de los grandes responsables del marasmo económico, otro proceso, mucho más profundo y estructural, se venía gestando desde tiempo atrás. El historiador Carlos Marichal, especializado en economía, aporta algunos elementos de ese proceso estructural:

"El incremento en el precio de los energéticos tuvo un agudo impacto en las economías industriales, ya que eran las que más consumían petróleo, en especial Europa y Japón. Pero también existían otros factores que contribuyeron a la caída en la actividad económica en estos países y en Estados Unidos. De particular importancia: el agotamiento paulatino del modelo industrializador de la posguerra, que había durado casi un cuarto de siglo y que luego de 1970 comenzaba a debilitarse".

Tal cual señala Marichal, muchos economistas, desde distintas escuelas de pensamiento, procuraron encontrar las causas por las cuales el exitoso modelo industrializador comenzó a amesetarse. Dos de ellos, casualmente de formación marxista (Ernest Mandel y Robert Brenner; este último, historiador), fueron quienes no sólo explicaron el porqué de la desaceleración, sino quienes anunciaron el proceso de financiarización que sobrevendría. Dice Marichal:

"... La tasa de ganancia de muchos de los principales sectores industriales en Estados Unidos, Alemania y Japón fue deslizándose a lo largo de casi veinte años (desde 1973 y hasta principios de la década del 90). En tanto bajaban los beneficios corporativos, es lógico pensar que se reduciría el afán de los empresarios y ahorristas de reinvertir en los sectores manufactureros..."

Recesión, inflación, desempleo y caída del cambio fijo en el sistema monetario internacional, más una nueva crisis petrolera en 1976, llevaron a los líderes de las principales potencias industriales del mundo a pensar que tanto el keynesianismo como su Estado de Bienestar estaban agotados, y que era preciso regresar a los pensadores neoclásicos. Pero, claro, desde luego que no a todos.

Sólo había que volver a quienes representaban una de las ramas de la escuela neoclásica: los monetaristas.

Y allí, en el nuevo olimpo de la economía mundial, pasearon sus togas Robert Lucas, George Stigler, y la deidad estrella, Milton Friedman, el hombre que le aconsejara a Richard Nixon abandonar unilateralmente el patrón oro.

Los mortales miraron hacia la cima sin comprender del todo lo que podría pasar. Ya lo entenderían.

Elogio de la resignación

Volvamos a la institución estrella. Hasta aquellos primeros años de la década de los 70, el Fondo Monetario Internacional había funcionado como una gran entidad crediticia al servicio de un modelo económico que se afirmaba en la industrialización y en la producción de bienes. Crecimiento económico, ocupación y consumo eran las patas sobre las que se apoyaba el neokeynesianismo de posguerra.

Pero con los nuevos vientos, que llegaban a modo de huracán desde la Escuela de Economía de Chicago, el FMI tenía nuevos mandantes. El más absoluto libre mercado (dentro de una política monetaria y fiscal estricta) era el nuevo marco de análisis de los técnicos de la institución.

Ya no se les pediría a los países que solicitaban créditos que utilizasen el dinero en infraestructura (caminos, redes cloacales, etc.); eso ya no sería lo esencial. Deberían restringir el gasto público y adoptar medidas de austeridad.

Friedman y los monetaristas habían ganado la batalla cultural. El neokeynesianismo no había sido capaz de encontrar una fórmula para sacar de la estanflación a los países desarrollados.

En uno de sus libros más valientes y reveladores, *La doctrina del shock*, la periodista y escritora canadiense Naomi Klein define así el pensamiento del padre del neoliberalismo:

"Para Milton Friedman, el mismo concepto de sistema de educación pública apestaba a socialismo. Desde su punto de vista, las únicas funciones del Estado consistían en la 'protección de nuestras libertades, contra los enemigos del exterior y los del interior: defender la ley y el orden, garantizar los contratos privados y crear el marco para mercados competitivos'. En otras palabras, policía y soldados; cualquier cosa más allá, incluyendo una educación gratuita e igualitaria, era una interferencia injusta en las leyes del mercado".

Así pensaba Friedman, y así debía pensar también ese prestamista de última instancia que Keynes imaginó como el motor y resguardo del Estado de Bienestar.

Leamos un poco más a Klein:

"Milton Friedman aprendió lo importante que era aprovechar una crisis o estado de *shock* a gran escala durante la década de los setenta, cuando fue asesor del dictador general Augusto Pinochet. Los ciudadanos chilenos no sólo estaban conmocionados después del violento golpe de Estado de Pinochet, sino que el país también vivía traumatizado por un proceso de hiperinflación muy agudo. Friedman le aconsejó a Pinochet que impusiera un paquete de medidas rápidas para la transformación económica del país: reducciones de impuestos, libre mercado, privatización de los servicios, recorte del gasto social y una liberalización y desregulación generales [...]. Se trataba de la transformación capitalista más extrema que jamás se había llevado a cabo en ningún lugar [...]. Acuñó una fórmula para esta dolorosa táctica: 'tratamiento de choque' económico".

Claro que, como bien señala la canadiense, el modelo monetarista requería —y requiere— que las protestas sociales sean ahogadas antes de que se generalicen más allá de lo controlable. En suma, se trata de que prevalezca la resignación por sobre la indignación.

La década de los 70, entonces, fue la bisagra a partir de la cual el mundo cambió de paradigma. Se archivó el concepto de desarrollo económico vinculado al desarrollo humano, y se abandonó en el camino al Estado de Bienestar.

Los países centrales fueron aceptando mansamente la doctrina de Friedman; también ellos estaban, como dice Naomi Klein, aterrorizados por una crisis económica que combinaba recesión con inflación (estanflación); o sea, el peor de los escenarios. Por eso no hubo allí necesidad de acciones cruentas.

En América Latina, en cambio, la doctrina del *shock* debió entrar aupada por dictaduras militares sangrientas. Augusto Pinochet, en Chile; Jorge Rafael Videla, en Argentina; Hugo Banzer, en Bolivia; Alfredo Stroessner, en Paraguay; Anastasio Somoza, en Nicaragua, y Manuel Noriega, en Panamá, fueron algunos de los tiranos útiles. Alineados con Estados Unidos y su guerra contra el comunismo, éstos no sólo se propusieron llevar a cabo una "limpieza" ideológica en sus países y en el subcontinente, sino que introdujeron a sangre y fuego el monetarismo económico.

Al terminar la década de los 70, y con el triunfo de Margaret Thatcher en Gran Bretaña como corolario político del nuevo paradigma en la economía mundial, el Fondo Monetario Internacional se convirtió en una de las más poderosas herramientas con que contaría el neoliberalismo para disciplinar y alinear a gobiernos de todo el mundo.

Dólares: escasos en un lado, rentables en otro

Al comenzar la década de los 80, la mayoría de los países latinoamericanos se hallaba en un verdadero callejón sin salida. Durante la década anterior, el aumento sideral de los precios del petróleo había generado enormes capitales disponibles en los países árabes. Éstos pusieron sus dólares en manos de bancos europeos y norteamericanos, para que se ocuparan de administrarlos y hacerlos crecer.

Libres ya del ancla que le había impuesto el patrón oro al sistema monetario internacional, estos bancos podían jugar ahora con el precio de las divisas y los tipos de intereses en una región del planeta en la que, todavía, se intentaba llevar a cabo un proceso industrializador.

Industrializar exigía inversiones pero también sostener un mercado interno creciente que fuese capaz de absorber esos nuevos productos industriales. Créditos, subsidios y demanda eran las precondiciones para que dicho proceso se llevase a cabo.

Pero la crisis económica que padecía el "Primer Mundo", con recesión, inflación y caída del consumo, disminuyó considerablemente la fuente de ingresos que los países latinoamericanos obtenían por la vía de las exportaciones a Europa, Japón y los Estados Unidos; en general, de materias primas. Esos países, que habían tomado créditos para poder financiar sus procesos industrialistas, se encontraron entonces con dos problemas a resolver: debían ir pagando lo que adeudaban; y debían, al mismo tiempo, mantener su propio mercado interno activo.

Esto último era imperioso para que no se derrumbara la industrialización que llevaban adelante. Necesitaban entonces más dólares para financiar las deudas, y también dólares para sostener la demanda agregada. El escenario latinoamericano no podía ser más propicio para la banca internacional, por entonces repleta de "petrodólares".

Los capitales que comenzaron a llegar al sur del continente tenían escasa relación con la capacidad de repago de los países receptores, y mucha menos si se consideraban las exorbitantes tasas de intereses que debían pagar por ellos. La estrategia de los banqueros era simple. Los países desarrollados, más que capitales, lo que necesitaban era detener la espiral inflacionaria. Además, jamás aceptarían tasas de intereses usurarias. América Latina, en cambio, había quedado a mitad del río: o renunciaba a continuar con el proceso industrialista, lo que re-primarizaría su economía, o continuaba endeudándose, apostando a que con una economía más industrializada se pudiese afrontar el peso de la deuda.

Escribe Carlos Marichal Salinas, el historiador estadounidense nacionalizado mexicano:

"Durante la década del 60, la cantidad de empréstitos contratados por la Argentina, Brasil, México y otros países de la región había sido relativamente moderada. Buena parte de esos créditos fueron proporcionados por agencias multilaterales tales como el Banco Mundial y el Banco Interamericano de

Desarrollo (fundado en 1960). A partir de 1973, en cambio, el negocio de los préstamos latinoamericanos aceleró su ritmo y el número de bancos privados extranjeros involucrados en las transacciones se multiplicó. Entre los años 1978 y 1981, los gobiernos deudores se dejaron arrastrar a una espiral de endeudamiento tan fuerte que los obligó a contratar docenas de préstamos, con el único fin de dar servicio a los que habían contratado con anterioridad".

El nuevo poder

América Latina caminó la década de los 70 sin terminar de comprender lo que se estaba gestando en los centros de poder internacional. Fue incapaz de procesar correctamente qué significaba la caída del régimen económico pergeñado en Bretton Woods. No entendió que, liberado de la cadena del patrón oro, el sector financiero se aprestaba a asaltar el poder en el mundo todo.

Escuchemos otra vez a Marichal, un especialista en el análisis de este proceso:

"Uno de los negocios más rentables era el suministro de préstamos a los gobiernos de los países de América Latina, y esto se reflejó en el aumento de los beneficios obtenidos por este sector [el financiero internacional]. En 1970, el mayor banco comercial de Estados Unidos, el Bank of America, recibía apenas un 15% de sus ganancias totales de los préstamos internacionales, mientras que para 1982 superaba el 60% de sus beneficios. Otro coloso, el Chase Manhattan Bank, pasó del 22% al 78% en 1976 y se mantuvo en cerca del 55% entre 1977 y 1982. En los casos de los bancos Bankers Trust, J. P. Morgan Co. y Manufacturers Hanover, las tendencias eran similares".

Las naciones de América Latina, tanto como algunas de África y Asia, fueron la puerta de entrada para el nuevo diseño económico-financiero que comenzaría a regir al mundo a partir de entonces. Diseño que, para ser implementado, necesitaba tanto del FMI y del Banco Mundial, como los nuevos garantes del monetarismo, cuanto de la línea política bajada desde los Estados Unidos para los países del Tercer Mundo. La lucha contra el comunismo, decía Washington, requería gobiernos autoritarios que saltasen por encima de las formas republicanas. Sólo así se asegurarían "la libertad" y "la democracia". También se requería –pero de eso no se hablaba– la más absoluta libertad de mercado y de circulación de los capitales. El sobreendeudamiento, en suma, debía ser la rampa por la que ascendería el nuevo poder: el financiero.

Nada bueno bajo el sol

En un largo y pormenorizado trabajo sobre los abundantes préstamos que el Fondo Monetario Internacional y el Banco Mundial otorgaron (y recomendaron otorgar) a las distintas dictaduras militares del subdesarrollo, Eric Toussaint dice, por ejemplo, de Brasil, incluso antes de la salida del patrón oro:

"Goulart había anunciado que iba a poner en práctica una reforma agraria radical y que iba a proceder a la nacionalización de las refinerías de petróleo: fue derrocado por los militares. Al día siguiente del golpe, los Estados Unidos reconocían al nuevo régimen militar. Un poco de tiempo después, el BM y el FMI reanudaban la suspendida política de préstamos. Por su parte, los militares abolían las medidas económicas criticadas por los Estados Unidos y el FMI. Hay que señalar que las instituciones financieras internacionales consideraron que el régimen militar tomaba sanas medidas económicas. Sin embargo el PIB bajó 7% en 1965 y miles de empresas quebraron. El régimen organizó una fuerte represión, prohibió las huelgas, provocó una fuerte caída de los salarios reales, suprimió las elecciones por sufragio directo, decretó la disolución de los sindicatos y recurrió regularmente a la tortura".

Más adelante, Toussaint toma el caso de Zaire, bajo la sanguinaria dictadura de Mobutu. Recuerda que, en 1982, un miembro del FMI, Erwin Blumenthal, había advertido que Zaire, con el tirano en el poder, no estaba en condición de pagar los millonarios préstamos que ya se le habían concedido. El informe fue a dar al cesto de papeles:

"La muy mala gestión económica y el desvío sistemático de Mobutu de una parte de los préstamos no condujeron al FMI y el BM a frenar la ayuda a ese régimen dictatorial. Es llamativo constatar que, tras el informe Blumenthal, los desembolsos efectuados por el BM y el FMI aumentaron. Manifiestamente, las decisiones del Banco y del FMI no estaban determinadas por el criterio de la buena gestión económica".

Sí. Un nuevo poder se había entronizado. Y las consecuencias de su obrar dejaría más pena que gloria en los países que aceptaran (a menudo, sin remedio) quemar incienso en sus altares.

Capítulo 2
UNA DUDOSA PANACEA

"Cuando me acuesto, no puedo apagar la luz porque empiezo a imaginar que llega Anne Krueger y me tapa la cara con la almohada hasta ahogarme. Cuando logro dormirme, padezco pesadillas horribles. En una, voy caminando por la calle y de repente la Argentina se cae del mundo..."

Jorge Guinzburg, periodista y
humorista argentino, en 2003

El 24 de marzo de 1976, los militares argentinos perpetraron un golpe de Estado que derrocó al gobierno de Isabel Martínez de Perón e instauró una de las dictaduras más feroces y criminales de la historia de América Latina.

Washington, que (como antes en Chile) había estado detrás de los golpistas, inmediatamente reconoció a los dictadores.

Paralelamente a semejante aval político, la nave insignia de entonces en materia económica, el Fondo Monetario Internacional, concedió al país un préstamo multimillonario y lo declaró un lugar seguro para prestamistas y especuladores. Bajo tamañas recomendaciones, la deuda externa argentina pasó, desde 1976 hasta 1981, de 7.000 millones de dólares a 42.000 millones.

Lo significativo (y ése era el mensaje que les enviaba el FMI a los especuladores) es que en ese mismo período Argentina pagó en concepto de servicios de esa deuda 40.000 millones. Pero notablemente el monto adeudado creció en lugar de disminuir.

Las cuentas no daban, evidentemente. Pero ¿para quiénes?

En noviembre de 2005, el diputado argentino Mario Cafiero llevó a cabo, junto a un grupo de colaboradores, un vasto y profundo análisis del rol que jugó el Fondo Monetario Internacional en la política económica argentina.

Ya en la presentación del informe resultante, dice Cafiero:

"El FMI logró en la Argentina un resultado concreto; obtuvo una profunda transnacionalización de su economía, en beneficio directo, casualmente, de las empresas e intereses del grupo de países del G7, que controlan al FMI. En cuanto a los gobernantes argentinos que aplicaron las políticas del FMI, algunos ya no pueden transitar por las calles, y a otros les espera un lugar vergonzoso en la historia argentina".

El trabajo tiene la enorme virtud de analizar el período que va desde 1976 (año en el que se produjo el golpe militar) hasta 2003, cuando asumió la presidencia del país Néstor Kirchner y Argentina comenzó a liberarse de la tutela fondomonetarista, sentando una escuela nada grata a los ojos de los especuladores.

Un caso ejemplar

Antes de comenzar con datos económicos de dicho período, siempre con la regencia del Fondo, el diputado Cafiero recurre a una amarga ironía. Recuerda cuál era uno de los fines para los que se había creado el organismo. Reza su Convenio Constitutivo:

"Facilitar la expansión y el crecimiento equilibrado del comercio internacional, contribuyendo así a alcanzar y mantener altos niveles de ocupación y de ingresos reales y a desarrollar los recursos productivos de todos los países miembros como objetivos primordiales de política económica".

El citado informe demuestra cómo evolucionó el porcentaje de la población con dificultades de empleo: en 1976, sólo un 10% de la población económicamente activa padecía ese problema. A finales de 2002, la cifra se había estirado al 40%.
El PIB per cápita, en tanto, que era de 11.000 dólares por habitante al perpetrarse el golpe de Estado, había descendido

a 9.000 a finales de 2002, con una consideración adicional. A lo largo de los 26 años en que el Fondo dictó las políticas económicas que debía llevar a cabo el país, el PIB per cápita (salvo en 1989, en que tocó los 12.000 dólares) nunca pudo salir de la banda que va de los 9.000 a los 11.000 dólares. A pesar de que, según anunciaban los directivos fondomonetaristas, el ajuste del gasto del Estado y la masiva privatización de las empresas públicas puesta en marcha fomentarían el crecimiento del país.

Bajo la presidencia de Carlos Saúl Menem (1989-1999), Argentina llevó a cabo un vastísimo proceso de privatizaciones de las empresas públicas, exigidas por el FMI. El resultado, como señala Cafiero, fue una concentración y transnacionalización de la economía tan profunda que la fijación de precios en el mercado quedó en unas pocas manos, en general extranjeras.

En 1991, el 35% de las empresas del país eran de capital nacional, y el 60% tenían alta participación extranjera. A finales del 2002, las empresas nacionales sumaban apenas el 15%, en tanto que las extranjeras trepaban al 85%.

Los siguientes datos del exhaustivo informe de Mario Cafiero acaso servirían, por sí solos, para explicar la debacle económica de un país gerenciado, en los hechos, por el Fondo Monetario Internacional.

En 1976, el PIB argentino ascendía a los 11.000 millones de dólares; los servicios de la deuda externa, a 2.000 millones; la fuga de capitales no superaba los 1.000 millones.

A finales del 2002, el PIB estaba por debajo de los 10.000 millones; los servicios de deuda externa, en 15.000 millones; la fuga de capitales había llegado a los 13.000 millones de dólares.

Como se sabe, en diciembre de 2001 Argentina entró en cesación de pagos. El presidente de entonces, Fernando de la Rúa, debió abandonar la casa de gobierno fugando en helicóptero. Dejaba tras de sí más de treinta muertos, producto de la represión policial a las revueltas populares.

Muchas preguntas, una respuesta

Un país quebrado, con una desocupación que superaba el 25% y con un 60% de su población por debajo de la línea de pobreza, tenía ante sí el descomunal desafío de reconstruirse. Dice Mario Cafiero:

"Cuando estalló la catástrofe argentina en el 2001, la opinión pública mundial se preguntaba: ¿cómo es posible que un país rico y con una historia casi de potencia haya podido caer en ese abismo tan bajo? ¿Cómo había podido acumular una deuda exorbitante y dónde habían ido a parar los millones de dólares que había recibido? ¿Cuál era la responsabilidad de su dirigencia política y empresarial en esa debacle?"

En efecto, no era sencillo contestar preguntas tan simples. Y no lo era porque, hasta entonces, resultaba casi impensable para el hombre común que los organismos de crédito internacionales jugaran a favor de los especuladores de la mano de dictaduras sangrientas.

Argentina podía no tener buenos dirigentes políticos ni empresarios responsables. Pero ningún país en el que rija la democracia representativa vuela hacia el infierno sin solución de continuidad durante ocho años.

Escuchemos otra vez a Cafiero:

"Quienes lideraban la dictadura sabían que su supervivencia en el poder dependía tanto del terror que infundían como de la transitoria y artificial sensación de bienestar que los economistas del régimen pudieran procurar bajo el fenómeno de la llamada 'plata dulce'. La adquisición irresponsable de préstamos del exterior permitió ese sostenimiento transitorio. Luego, al amparo de la inexistencia de controles al movimiento de capitales auspiciada por el FMI y a la adopción de un tipo de cambio bajo, o sea a una sobrevaluación del peso, no objetado por el FMI, la inmensa mayoría de esos fondos se fugó, terminando en muchos casos depositados en los mismos bancos extranjeros que habían otorgado los préstamos".

Como era de suponer, el impactante derrumbe de Argentina, que hasta finales de los 90 era considerada por el Fondo "la estrella" de la región, "el mejor alumno", provocó una profunda consternación entre los pueblos y los líderes políticos del subcontinente.

No significaba que América Latina ignorara lo nocivo de la presencia del FMI conduciendo las economías locales. Lo que el marasmo provocó fue una fuerte toma de conciencia respecto del nivel de daño que la injerencia fondomonetarista podía provocar.

Los triunfos electorales de los partidos de centro izquierda (aquellos que habían venido advirtiendo las consecuencias que habría de producir el recetario del Fondo) fue la reacción lógica de gran parte de Latinoamérica.

El broche final se colocó en el 2005, cuando Argentina y Brasil cancelaron por completo sus deudas con el FMI y se negaron a ser auditados periódicamente. Una sola respuesta comenzaba a abatir todas las preguntas.

Más vidas que un gato

Sin embargo, al menos para la comunidad internacional, un debate había quedado sin saldar. Los desmanes de tantos años, ¿se debían a errores de pronósticos por parte del organismo de crédito, o había habido un plan diseñado a la medida del sector financiero, aun sabiendo cuáles serían sus consecuencias?

Conscientes del pesado manto de sospecha que caía sobre el organismo, en 2004 los directos del Fondo decidieron emitir un documento ("Lecciones de la crisis argentina"). En él se ensayaba una suerte de complaciente autocrítica sobre la calidad y pertinencia de las directivas que el FMI le dio a Argentina. Ese documento fue analizado por el periódico *Página 12*, y fue el joven periodista y economista argentino Maximiliano Montenegro quien se ocupó de refutar a los fondomonetaristas. Su trabajo es extenso, pero nos proponemos extraer algunos párrafos, que muestran las falacias de los técnicos del organismo, prolijamente desmontadas por Montenegro.

Argumenta el Fondo:

"Una vez que la economía entró en recesión, las vulnerabilidades salieron a la superficie. Mientras la economía permaneció deprimida, la dinámica de la deuda se volvió explosiva... Las autoridades no pudieron implementar el gran ajuste fiscal que hubiera sido necesario para contrarrestar la dinámica negativa de la deuda".

Retruca Montenegro:

"Contumaces, los economistas del Fondo defienden así las ideas de la líder, Anne Krueger, quien argumenta que de haberse aplicado un ajuste mayor (en especial, en las provincias) se podía haber sorteado la crisis. La posición desconoce el círculo vicioso en que cayó la economía a partir del 2000, como consecuencia de los ajustes fiscales aplicados (recorte de salarios y jubilaciones, aumento de impuestos, poda en transferencias a provincias, etc.) en plena recesión. No era una cuestión de grado (mucho o poco ajuste), sino de una política equivocada."

Por otra parte, como el propio FMI admite, otro "ajustazo" era socialmente impracticable. Hubiese empujado a la población a emprender una revuelta con final imprevisible. Algo que sin embargo terminó ocurriendo en diciembre del 2001. Continúa disculpándose el Fondo:

"Las reformas en el mercado laboral, implementadas durante la primera mitad de los 90, no introdujeron suficiente flexibilidad para permitir a la economía ajustar ante los shocks".

Responde Montenegro:

"No es cierto: pocas veces se ha visto en la historia reciente del capitalismo una deflación de salarios y precios tan marcada como la que ocurrió en los últimos años de la convertibilidad".

La "flexibilidad laboral" a la que se refieren los economistas del organismo no es más que una forma de camuflar desde las palabras la precarización del empleo: derogación de las indemnizaciones por despido, eliminación de la cobertura social y anulación de las convenciones colectivas de trabajo, en las que se discuten condiciones laborales y aumentos salariales.

Sin embargo, consecuente con su propia visión de lo que deben ser las políticas económicas "saludables" para los países —en rigor, para el sistema financiero—, el Fondo Monetario Internacional insiste con su prédica de austeridad en el gasto público.

El Fondo perdió prestigio y una importante batalla en América Latina. Pero no en vano tiene poder y, aparentemente, más vidas que un gato. Años después del gigantesco colapso argentino, el equipo fondomonetarista llevaría el mismo recetario a la atribulada Europa.

La enfermedad dominicana

Cuando se rastrea la historia de las intervenciones del Fondo Monetario Internacional en los distintos países emergentes a los que acudió para "resolver problemas macroeconómicos",

se encuentran líneas de procedimientos sumamente pareci-
das. Una y otra vez se prescribían (o imponían) las mismas
medidas, a pesar de que, en casi todos los casos, una y otra
vez los resultados eran desastrosos.

En 1982, Salvador Jorge Blanco asumió como presidente en República Dominicana. Miembro del socialdemócrata
Partido Revolucionario Dominicano, Blanco llegó al poder
condicionado por varios factores económicos negativos que
le había dejado su propio partido en el gobierno anterior.
¿Cuál era el nada envidiable panorama dominicano?

+ Una agricultura casi paralizada por falta de incentivos.

+ Empresas públicas al borde de la quiebra.

+ Un déficit en balanza de pagos que superaba los 400
millones de dólares.

+ Una deuda externa de 2.400 millones de dólares.

+ Un Estado casi sin capacidad recaudatoria.

+ Caída en los precios de productos exportables como
el azúcar.

+ Aumento en el precio del petróleo que el país
importaba.

+ Deterioro general en las cuentas públicas.

Con tamaño escenario, el gobierno se encontraba ante la
necesidad urgente no sólo de refinanciar su deuda externa, sino
incluso de obtener algo más de dinero fresco. Pero ese año, en
que el PRD iniciaba su segundo mandato, México le informaba al mundo que no estaba en condiciones de seguir pagando
su deuda. Y la noticia golpeó directo en el corazón dominicano.

Los prestamistas privados se negaron tanto a girar más fondos como a reestructurar los vencimientos de los servicios de la deuda. Blanco, que había llegado a la sede del gobierno con un discurso progresista y socialdemócrata, no tuvo más remedio que golpear a las puertas del Fondo Monetario Internacional. Tal vez allí estuviera la salvación.

El remedio del FMI

En enero de 1983, la misión del FMI llegó a un acuerdo con el flamante gobierno: desembolsaría 460 millones de dólares bajo un sistema de giros escalonados durante los siguientes tres años.

Dice un documento de la Fundación CIDOB (Centro de Información y Documentación Internacional de Barcelona):

"A cambio de la asistencia del Fondo [...] el Estado se comprometía a suprimir las subvenciones al consumo, restringir el crédito interno, suspender toda emisión monetaria sin el debido respaldo y prolongar la austeridad presupuestaria".

En efecto, esa "austeridad presupuestaria" de la que hablaba el FMI ya había sido puesta en marcha por el gobierno antes de recurrir al organismo. Entre otras medidas, congelaba salarios y precios y prohibía la importación de una amplia cantidad de productos de consumo.

Continúa el documento:

"Todas las medidas eran dolorosas, y más en un país castigado por la pobreza y el paro endémicos. Pero fue el drástico encarecimiento de los productos de primera necesidad, alimentos y medicinas, en algunos casos hasta el 200%, como resultado de la devaluación del peso y la fijación para las importaciones del tipo de cambio de 2,75 pesos por dólar [...]

41

el detonante de una vasta protesta popular el 23 de abril de 1984, precisamente cuando el gobierno decía sostener un duro forcejeo con el FMI por las condiciones del servicio crediticio".

En 1984, el inconformismo social que venía manifestándose y aumentando desde los primeros días de abril estalló la mañana del 22, en uno de los barrios de Santo Domingo, con un llamado a una amplia huelga en reclamo de un aumento general de salarios. La potencia de la protesta radicaba en el hecho de que el movimiento, comandado por líderes barriales, aunaba a obreros, integrantes de la clase media y campesinos.

La convocatoria lanzada en el barrio de Capotillo pronto fue recogida por otros barrios de Santo Domingo. En los siguientes dos días, ya en casi toda República Dominicana los movimientos populares marchaban en su "Lucha contra el hambre", y se enfrentaban a la dura represión policial y del ejército, cuyos hombres inundaban las calles.

Entre las ráfagas de ametralladoras del ejército y los disparos de la policía, el pueblo alzado quemaba neumáticos, saqueaba comercios, interrumpía el tránsito con barricadas y se batía cuerpo a cuerpo con los uniformados, valiéndose de palos y piedras.

El 25 de abril de 1984, luego de violentas *razzias* y represión salvaje, el ejército logró controlar la revuelta popular. Más de cien muertos y centenares de heridos fue el saldo de las tres jornadas de protestas. Por cierto, mucho más que los 30 muertos de diciembre del 2001 en Argentina, pero también es verdad que República Dominicana no concitaba la misma atención mundial que el país sudamericano, y que además, por entonces, el neoliberalismo no había perdido aún la máscara.

Pese a la violencia y el dramatismo de aquellas jornadas luctuosas, las recetas fondomonetaristas no cambiaron: liberación de precios y tarifas y otro recorte en el gasto público siguió siendo la medicina exigida desde Washington.

Sigue el informe del CIDOB:

"El 25 de mayo, el gobierno anunció la ruptura de las negociaciones con el FMI. Se trató de una finta que buscaba, y consiguió, apaciguar las protestas. Un mes más tarde, el presidente daba otro bandazo y comunicaba la reanudación del diálogo crediticio. A finales de agosto, reveló a la estupefacta opinión pública la aplicación de un nuevo paquete de medidas de austeridad, entre ellas un alza del 50% en el precio de la gasolina, sin dejar de recalcar que esas eran las condiciones del FMI. Los sindicatos volvieron a convocar un huelga de 24 horas..."

Siempre más de lo mismo. Los resultados en términos de deterioro popular y nacional no cuentan. Tenga el enfermo presión alta o baja, el mismo remedio. Esté congelado o arda de fiebre, más de lo mismo.

Paradójicamente, mientras el Fondo le reclamaba al gobierno de Blanco que abriese sus fronteras para facilitar el libre mercado, Estados Unidos ponía en marcha medidas proteccionistas en relación con la importación del azúcar (la mayor fuente de ingresos de República Dominicana), lo que produjo un efecto devastador en la balanza de pagos del país.

Un "éxito" para mostrar

Años antes, el 11 de setiembre de 1973, y tres años antes de que ocurriera algo similar en Argentina, los militares chilenos llevan a cabo un sangriento golpe de Estado contra el gobierno del socialista Salvador Allende.

A sangre y fuego, los uniformados conducidos por Augusto Pinochet Ugarte (quien poco antes posaba como fiel soldado en las fotografías oficiales, pero negociaba ya con los Estados Unidos) asaltaron el Palacio de La Moneda. Allende se calzó el casco y la metralleta para defender la voluntad popular, y se suicidó o lo mataron entre el estruendo de las ráfagas y bombas. Los golpistas triunfaron, y Chile quedó listo para convertirse en el primer conejillo de Indias de los monetaristas de Chicago y de su guardia de corps, el Fondo Monetario Internacional.

Pero, a diferencia de sus posteriores pares argentinos, los militares chilenos no habían asaltado el poder con el manifiesto objetivo de imponer una política económica dictada desde Washington por los fondomonetaristas. Simplemente pretendían desalojar a la Unidad Popular de La Moneda y restaurar una suerte de capitalismo de Estado.

Sin embargo, la economía chilena había quedado a mitad del río: o se profundizaban las reformas iniciadas por el gobierno socialista o se regresaba paulatinamente a un keynesianismo moderado.

Para los militares, empero, convivir demasiado tiempo con tasas inflacionarias del 300%, casi sin reservas de divisas y con un PIB en declive podía significar un cataclismo político. E ideológicamente no miraban demasiado hacia abajo.

Algunos meses después y ante la evidente incapacidad de los golpistas para enderezar el barco de la economía, la jerarquía eclesiástica chilena acercó a los militares un trabajo que había realizado un grupo de jóvenes economistas, profesores de la Universidad Católica de Chile. Casi todos los autores ostentaban un posgrado en la Escuela de Economía de la Universidad de Chicago, en la que Milton Friedman brillaba con luz propia.

El trabajo, que se conocería como "El Ladrillo", no era ni más ni menos que el decálogo del monetarismo del cual aquél era el máximo gurú.

Es posible que hasta a los propios militares les haya parecido demasiado salvaje la propuesta, porque no fue sino hasta dos años después que la dictadura chilena le confió el manejo de la economía al grupo de jóvenes a los que se conoció como "los *Chicago Boys*".

El "Programa de Recuperación Económica" que habría de poner en marcha el equipo de discípulos de Friedman se basaba en la "política de shock" que pregonaba el maestro. Con sindicatos disueltos y partidos políticos proscriptos, los *Chicago Boys* no encontraron mayor resistencia en tomar medidas drásticas como:

+ Recortar un 20% el gasto público.

+ Despedir al 30% de los trabajadores de la administración pública.

+ Aumentar el Impuesto al Valor Agregado (IVA) que encarecía servicios y productos de primera necesidad para los sectores más pobres.

+ Privatizar la mayoría de las empresas públicas (en general, a cambio de deuda).

+ Suprimir el sistema de ahorro y préstamos para la vivienda.

+ Remover todo tipo de regulación para la entrada y salida de capitales.

+ Abrir plenamente el mercado a una "libre (y desigual) competencia".

Hacia 1977, luego de casi tres años de "ajustes estructurales" con una baja constante del poder adquisitivo de los salarios, la eliminación de la mayoría de las políticas sociales y una apertura casi total de la economía a los mercados extranjeros y a la entrada y salida de capitales especulativos, Pinochet, los *Chicagos Boys* y Milton Friedman le anunciaron al mundo que el "milagro chileno" se había producido. ¿En qué consistía el logro?

+ Significativo descenso de la inflación.

+ Aumento del PIB.

+ Crecimiento en la reserva de divisas y liquidez bancaria.

¿Y la situación popular? Bien, gracias. Tras los altisonantes logros exhibidos, prolijamente se procuró minimizar el alto nivel de desempleo (alrededor del 20%) y la extrema debilidad de un sistema financiero demasiado dependiente del mercado externo, así como el excesivo endeudamiento privado. Fueron cinco años de sacar pecho. En 1982, el "milagro chileno" voló por los aires.

Detrás de bambalinas

Greg Palast ha sido también alumno de Milton Friedman. Pero con independencia de criterio, este economista, periodista y ensayista estadounidense analizó críticamente el proceso económico puesto en marcha en Chile como el primer laboratorio de las teorías monetaristas, y dice:

"Pinochet no destruyó la economía de Chile él solo. Fueron necesarios nueve años de duro trabajo de las mentes más brillantes del mundo académico, el grupo de aprendices de Milton Friedman a quienes ya hemos mencionado: los *Chicago Boys*. Bajo el hechizo de sus teorías, el general eliminó el salario mínimo, ilegalizó los derechos de negociación de los sindicatos, privatizó el sistema de pensiones, abolió todos los impuestos sobre la riqueza y los beneficios empresariales, recortó el empleo público, privatizó 212 empresas propiedad del Estado y 66 bancos y administró un superávit fiscal [...]. Después de nueve años de economía al estilo de Chicago, la industria chilena naufragó y murió. En 1982 y 1983, el PIB descendió un 19%. Esto es una depresión".

Desde adentro de Chile, el equipo económico pinochetista llevaba a cabo una apertura económica desconocida en el mundo. Desde fuera del país, el Fondo Monetario convalidaba y aplaudía una política que muchos ya vislumbraban como suicida.

En su *best seller* llamado *The Best Democracy Money Can Buy* ("La mejor democracia que se puede comprar con dinero"), Palast señala:

"Los *Chicago Boys* convencieron a la junta de que la eliminación de las restricciones sobre los bancos del país les permitiría atraer capital extranjero para financiar la expansión industrial [...]. Pinochet vendió los bancos del Estado (con un descuento del 40% respecto del valor contable) y rápidamente cayeron en manos de dos imperios empresariales controlados por los especuladores Javier Vial y Manuel Cruzat. Desde sus bancos cautivos, Vial y Cruzat desviaron fondos para comprar a todos los productores [...] Las reservas de los bancos se llenaron de títulos falsos de las empresas filiales".

Era obvio que, ante semejante apertura y desregulación, los capitales extranjeros no llegarían a Chile para financiar la expansión industrial del país. Los objetivos de los "inversionistas" eran dos: la especulación financiera; la compra a precio de remate de las empresas del Estado, con las que se proponían extraer la mayor ganancia en el menor tiempo posible, apoyándose en condiciones monopólicas o cartelizándose con los pocos competidores, también privados.

Resume Palast:

"Hacia 1982, el negocio financiero piramidal de Chile llegó a su fin. Los grupos Vial y Cruzat dejaron de pagar. La industria cerró, las pensiones privadas dejaron de tener valor, la moneda se hundió. Los disturbios y las huelgas emprendidas por una población demasiado hambrienta y desesperada como para temer las balas obligaron a Pinochet a invertir el rumbo y despedir a sus queridos experimentalistas de Chicago".

Ante la reprobación del Fondo Monetario Internacional, la dictadura chilena logró contener una guerra civil en ciernes descargando toda una batería de medidas keynesianas: reimplantó el salario mínimo, puso en marcha un programa para generar más de medio millón de empleos y limitó fuertemente la circulación de capitales extranjeros.

A finales de 1983, la economía chilena comenzó un arduo proceso de recuperación, que volvió a detenerse en 1985.

La presión fondomonetarista y los primeros signos de agotamiento del régimen militar impulsaron a Pinochet a regresar a las políticas neoclásicas, aunque ya no desde el fundamentalismo de los discípulos de Friedman, sino desde una visión menos dogmática.

No hubo una crisis terminal como la de 1982 pero, en diez años de este "segundo milagro chileno", Chile se transformó en uno de los países más desiguales del planeta.

Capítulo 3
El FMI y Centroamérica

"Mientras que a los demás estudiantes (los banqueros en ciernes y los que se preparaban para ser dictadores) se les caía la baba de admiración, yo informaba a los sindicatos: 'Este Friedman es una marioneta enferma. Nadie le va a comprar esta cháchara de libre mercado y laissez-faire egoísta a un chiflado ultraderechista'. Hoy, sin embargo, dos décadas más adelante, Bush y Clinton y Putin y Wolfensohn abren sus bocas y por ellas sale Milton Friedman".

Greg Palast, en 2002

Entre mediados y finales de la década de los 80, Centroamérica presentaba un escenario político y económico particular respecto del resto del continente. Guatemala, El Salvador y Nicaragua emergían de largas guerras civiles con deterioro en sus economías, el mismo que para cualquier país supone un conflicto armado de larga duración. Honduras y Costa Rica, en cambio, no olían a pólvora, pero mostraban severas dificultades para afrontar los pesados servicios de sus deudas externas.

En Estados Unidos se preparaba lo que, al fin de la década, habría de conocerse como "Consenso de Washington", y el Fondo Monetario Internacional le daba las últimas puntadas a su "Programa de Ajuste Estructural" (PAE), una suerte de modelo universal que se debía aplicar en cualquier país del mundo con idénticas reglas y exigencias para "estabilizar" su economía. Y si bien es cierto que el tándem FMI-Banco Mundial ya había experimentado parte de la herramienta del PAE en América del Sur, al amparo de dictaduras militares, Centroamérica les ofrecía un escenario diferente, con gobiernos civiles dispuestos a apretarles el cinturón a sus pueblos en nombre de la democracia y la economía de mercado. Parte del menú que ya había sido servido en Chile y también en Argentina, ahora, en los países centroamericanos, habría de adquirir su formato definitivo.

Monetaristas sin fronteras

En un trabajo de Patxi Zabalo, docente de la Universidad Politécnica de Cataluña, aparece una de las mejores definiciones de esta receta universal preparada por los técnicos fondomonetaristas:

"Los programas de ajuste estructural comprenden medidas estabilizadoras, que reducen la demanda, y medidas estructurales que actúan sobre la oferta [...] La *política de estabilización* intenta corregir los que se consideran excesivos déficits de los presupuestos públicos y de la balanza de pagos, debidos a una demanda superior a la oferta de un país. El retorno al equilibrio, concepto básico de la ortodoxia económica, se conseguirá mediante una política de reducción enérgica de la demanda, que *ajuste* el consumo interno del país a su capacidad de producción [...]. Se trata en definitiva de un verdadero plan de austeridad, de un ajuste recesivo, que conduce a una interrupción o incluso una caída en el crecimiento del producto nacional".

Como vemos, estas medidas son las verificadas en un caso y otro, antes y ahora, en cualquier punto del planeta donde el FMI actúe como diligente médico de las crisis.

Continúa el informe de Zabalo:

"Por su parte, las *políticas estructurales* buscan adaptar las condiciones de la oferta de la economía, de manera que posibiliten un crecimiento económico a mediado o largo plazo. Dentro de la ortodoxia neoliberal, la mejor forma de estimular el crecimiento de la producción interna es favorecer el libre juego del mercado, permitiendo que la iniciativa privada asigne los recursos donde encuentre mejores perspectivas de beneficio. Se tratará, por tanto, de liberalizar la economía, abrirla al exterior y disminuir la presencia del sector público".

El modelo, como se ve, apunta en dos direcciones, ninguna de las cuales puede ser considerada puramente académica ni neutral. La austeridad que impone el FMI en sus PAE marcha en una dirección precisa: postula que, si el Estado no invierte en políticas sociales, educación, salud, vivienda o infraestructura, dispondrá de una mayor cantidad de dinero para cumplir con sus acreedores externos. El aumento de los impuestos y la ampliación de la base tributaria (IVA, por ejemplo) contribuirán en el mismo sentido.

Sin embargo, fue y es evidente que la aplicación de dicha política tiene consecuencias dramáticas. La restricción del gasto público golpea directamente sobre la calidad de vida de la población; en especial, del sector más pobre. El mismo efecto tiene el encarecimiento del costo de vida por el camino de la suba de impuestos.

Pero, más allá del daño social, lo cierto es que, al disminuir la demanda y crecer el empobrecimiento de la sociedad, también se derrumba la capacidad recaudatoria por parte del Estado.

Respecto de las políticas estructurales, es obvio que para los países emergentes abrir el mercado a la competencia extranjera es casi un suicidio. Los diferentes niveles tecnológicos y de poder económico entre las empresas nacionales y las transnacionales suelen ser enormes, y la "competencia" es decididamente desigual.

La Argentina de los años 90 es un ejemplo categórico. Tras la total apertura de su mercado, el país convirtió su estructura económica en la más extranjerizada del mundo. En la actualidad, de las 500 empresas más importantes de Argentina, 300 están dominadas por el capital extranjero, lo que las convierte no sólo en formadoras de precios, sino, también, en los canales por lo que emigran las divisas.

Puntualiza el economista catalán:

"Un programa de ajuste estructural del FMI y/o el Banco Mundial trata de conseguir generar los excedentes de divisas necesarios para que el país pague el servicio de su deuda externa. Para eso, la política de contracción de la demanda contribuye a reducir las importaciones, y la reorientación de la producción hacia la exportación posibilita la obtención de excedentes en la balanza comercial. Y, además, todos los elementos *desreguladores* facilitan el acceso al mercado de ese país por parte de las empresas de los países desarrollados, bien sea mediante la exportación de sus productos, bien sea mediante la inversión directa y consiguiente instalación en el país, por la vía de las privatizaciones o al margen de ellas. Es decir, los programas de ajuste estructural favorecen los intereses de las empresas multinacionales y bancos del Norte, lo que no debe sorprender cuando se tiene en cuenta quién controla las instituciones de Bretton Woods".

Vale la pena revisar cómo funciona a largo plazo la lógica de reducción de importaciones y aumento de las exportaciones.

Cualquier país del mundo, pero muy especialmente los emergentes, necesitan de las importaciones para hacer funcionar a sus industrias. En la medida en que un país emergente pone en marcha un proceso de industrialización, las importaciones se convierten en un factor esencial para que las nuevas industrias puedan afirmarse, crecer y hacerse competitivas. Sólo cuando esto ocurre se puede iniciar el camino de sustitución de esas importaciones.

Si en pleno proceso de industrialización el Estado le pone trabas al ingreso de importaciones para que las nuevas industrias puedan funcionar, el proceso se agota. Con lo cual el único sector que queda en condiciones de exportar es el primario, el de materias primas: cereales, minerales, etc. Actividades todas con bajísimo valor agregado, que no generan puestos de trabajo y casi no requieren innovaciones tecnológicas.

Así, el resultado es el único posible: las economías de los países sometidos a programas de ajuste estructural se reprimarizan. Sometidos a un proceso de desindustrialización, se convierten en simples proveedores de materias primas, aumentando dramáticamente su dependencia de los países desarrollados.

Peor que la enfermedad

A principio de los años 80, Guatemala vivió la etapa más violenta e intensa de un conflicto armado que había comenzado una década atrás. En esos años, también, el modelo económico que había adoptado el país durante tres décadas, con un crecimiento promedio del 5% del PIB, comenzó a mostrar síntomas claros de agotamiento.

Hasta entonces la economía guatemalteca se apoyaba en la agricultura, que abastecía de alimentos al mercado interno y generaba los excedentes exportables necesarios como para que se pusiera en marcha un incipiente proceso de industrialización y de sustitución de importaciones.

La guerra y algunos factores económicos externos hicieron colapsar al modelo, y luego de los Acuerdos de Paz que acabaron con el conflicto armado llegaron al país los técnicos fondomonetaristas con sus programas de ajustes estructurales bajo el brazo.

En un extenso y bien documentado trabajo, publicado en 2009, sobre el devenir económico de Guatemala a partir de la intervención fondomonetarista, Zully Morales y Helmer Velásquez dicen:

"El aparato público agropecuario, que brindaba servicios de extensión, crédito, dotación de tierra, investigación y transferencia tecnológica al campesino y al pequeño productor, promovía programas y proyectos de fomento al cultivo de los granos básicos, la protección boscosa y la producción pecuaria. Esto, combinado con la no importación de alimentos, mantuvo al país como agente productor de sus propios alimentos. El ajuste estructural determinó el cierre final de los servicios de extensión para principios del siglo XXI, desmantelando el aparato público agrícola, que pasó de tener 18.000 trabajadores a 1.200".

Y si en un país con históricos altos índices de informalidad, esto ya era alarmante, no fue, sin embargo, lo determinante para acabar con el modelo agrícola guatemalteco.
Agregan los autores:

"Como una acción paralela se dio en concesión a la 'iniciativa privada' la administración de los silos nacionales (almacenamiento de granos básicos), dejando al país sin reservas alimentarias para el caso de catástrofes o tiempo de carencia. Como el Estado dejó además de intervenir en el comercio de granos y se abrieron las fronteras a los granos producidos en el norte del continente a precios subsidiados, el aparato productivo nacional ha sucumbido. Una de las consecuencias más funestas es que 49% de los niños y niñas padecen desnutrición crónica y 24% de la población en general está desnutrida, lo que genera un atraso en prácticamente todos los indicadores vinculados al desarrollo fisiológico del individuo".

En el año 2009, veinte años después del comienzo de la aplicación de la receta fondomonetarista, en Guatemala el 2% de los productores poseía casi 57% de las tierras productivas. Además, un país alimentariamente autosuficiente y con excedentes exportables debía importar 70% de los alimentos que consumía.

En ese mismo año, las políticas del FMI mostraban también otros resultados. En Guatemala el 57% de la población era pobre, y 20% padecía pobreza extrema.

Desde luego, el descalabro en la balanza comercial que le provocó el programa de ajuste estructural a un país alimentariamente autosuficiente, y que hoy debe importar la mayor parte del alimento que consume, ha generado un déficit en la balanza de pagos que se nivela con mayor endeudamiento externo. Exactamente lo inverso de lo que el FMI proclamaba que iba a resolver.

Con tales amigos...

Tanto en Guatemala como en el resto de Centroamérica, el Fondo Monetario les exigió a los gobiernos la aprobación de tratados de libre comercio con Estados Unidos, México y la Unión Europea. Algo así como encerrar en una jaula a una gallina y un zorro y pretender que la primera se defienda y hasta gane.

Así como los PAE fueron considerados por el Fondo Monetario Internacional como recetas universales aplicables a cualquier país y en cualquier circunstancia, también la técnica de abordaje de la entidad en los países latinoamericanos fue similar.

En 1982 se produjo la crisis de la deuda en América Latina y la mayoría de los países cayeron en la insolvencia. México fue el primero que asumió su incapacidad para pagar los servicios de su deuda externa, pero casi toda la región se encontraba en una situación parecida, sumida en el temporal del neoliberalismo.

¿Qué hacía el FMI ante esta situación? Cerraba el grifo, dejaba de refinanciar y obligaba a los gobiernos a negociar planeas de ajuste estructurales para reabrir los créditos.

En Guatemala la canilla se cerró en 1984. Al año siguiente, tras dos misiones que llegaron al país para evaluar la situación económica, la entidad le bajó al nuevo gobierno la lista de condiciones para refinanciar deuda.

Las exigencias eran en sí mismas una definición del modelo económico que el FMI pretendía que se pusiese en práctica, y la enumeración de ellas no resultará nada extraña:

+ Devaluación de la moneda.

+ Unificación de los mercados de divisas (caída del poder adquisitivo de los salarios; aumento del nivel de vida y mercado abierto para la especulación financiera).

+ Reducción del gasto estatal (salud, educación, etc.).

+ Solución de los pagos atrasados de la deuda externa (o sea: desprenderse de reservas y redireccionar partidas presupuestarias hacia el pago a los acreedores externos).

+ Mejoramiento de la posición externa de Guatemala (aumentar exportaciones y reducir importaciones).

+ Aumento de los impuestos (básicamente, ensanchar la base tributaria; que una porción más grande de la población pague impuestos, los más pobres entre ellos).

+ Aumentar la tasa de interés bancario (quitar dinero del mercado, generar más ahorro interno y disminuir el consumo).

+ Reducir el dinero en circulación (por si la exigencia anterior no fuese suficiente).

+ Continuación de la política de créditos restrictiva (que los bancos capten dinero pero sólo para prestarlo a los sectores que señalara el Fondo).

+ Instauración de ciertas medidas arancelarias (eliminar los aranceles para ciertos productos extranjeros; como los granos subsidiados, por ejemplo).

En un trabajo preparado para la Universidad de San Carlos de Guatemala y analizando los efectos del ajuste estructural puesto en práctica en su país, el economista Hugo Armando Perla Méndez dice:

"Para los inicios del gobierno del ingeniero Jorge Serrano Elías [1991], se consideraba que la economía guatemalteca estaba sumida en una severa recesión. Uno de los principales indicadores que ejemplifican este aspecto es la tasa del crecimiento del PIB, la cual no fue superior a 3% en ese año. Según algunos analistas, este fenómeno también se vio influenciado por el impacto en la economía del crecimiento del llamado Sector Terciario, especialmente en el financiero. Otro factor que influyó en la desaceleración en la economía, a inicios de 1991, fue la reducción de la inversión privada, la cual se venía reduciendo como resultado de la crisis".

Lo cierto es que nadie en su sano juicio hubiese predicho que con semejante tijeretazo al poder de compra de la sociedad, con el severo achique del gasto público, y con un mercado secado de dinero, la economía no iba a entrar en una severa recesión. Lo difícil, en todo caso, es asombrarse de que, a más de un cuarto de siglo de aquellos ajustes estructurales prescriptos por el FMI, y con los resultados catastróficos que ellos produjeron, la medicina vuelve a ser recetada a muchos países europeos.

Volvamos a leer al economista guatemalteco:

"El gobierno de Serrano Elías asumía el reto ante los organismos internacionales de ejecutar un programa de Ajuste Estructural exitoso, el cual preparara las condiciones para la inserción de Guatemala en el nuevo contexto internacional, tomando en consideración el fracaso de los tres programas propuestos por el gobierno Demócrata Cristiano, el cual terminó su período en medio de fuertes críticas por la falta de control de la crisis fiscal, monetaria y cambiaria existente".

Como era de prever, dos años después del "reto" asumido por Serrano Elías, Guatemala era una caldera atravesada por protestas populares y estudiantiles, huelgas, y un considerable aumento de la criminalidad. El gobierno debía acudir a la represión policial y al avasallamiento de los poderes legislativo y judicial. Nada, sin embargo, pudo evitar su caída.

Con tales amigos, no hacían falta enemigos.

¿Quiénes pagan el ajuste?

Costa Rica y El Salvador llegaron a los brazos del FMI desde distintas situaciones y en diferentes años. Costa Rica firmó el compromiso de implementar el Programa de Ajuste Estructural en 1985, pero las conversaciones con el Fondo habían comenzado tres años antes, casi en simultáneo con la debacle de la deuda en América Latina, lo que lo convirtió en el primer país centroamericano dispuesto a llevar a cabo el flamante recetario fondomonetarista.

El Salvador, en cambio, por esos mismos años, impulsaba reformas redistributivas y populares; la nacionalización del sistema bancario y del comercio del café y una reforma agraria, entre otras.

Sin embargo, mientras todo esto ocurría, el país padecía una prolongada y agotadora guerra civil que minaba las bases de la economía y sumía a El Salvador en un profundo aislamiento internacional.

Desequilibrios fiscales y déficit creciente en la balanza de pagos, descalabro en el sector bancario y gigantesco deterioro en el sistema productivo, eran demasiados obstáculos a remover por parte de un gobierno provisional como el de entonces.

Por fin, en 1989, las elecciones presidenciales llevaron a la derecha salvadoreña al poder, y con ella arribó el Fondo Monetario Internacional al país, para "estabilizar" la economía.

El recetario con el que llegaron los hombres del FMI tanto a El Salvador como a Costa Rica era exactamente el mismo llevado al resto de los países del subcontinente. Exigían:

+ Una fuerte "disciplina" fiscal.

+ Una reforma tributaria que, por ejemplo, no gravara la riqueza ni los beneficios empresarios, porque eso "favorecía la inversión".

+ Total libertad de circulación para los capitales, fueran éstos productivos o especulativos.

+ Tipo de cambio unificado.

+ Altas tasas de intereses.

+ Privatización de empresas públicas y desregulación.

Para no ser tediosos, nada diferente de lo exigido a Guatemala, a Honduras, a Nicaragua y al sur de América Latina en la década de los 90.

Pero, además de todo el paquete macroeconómico, los PAE se reservaban una premisa no explicitada abiertamente: los "salarios de equilibrio".

En un trabajo producido por la Universidad de El Salvador, un grupo de economistas de la institución no sólo analizó en profundidad la implementación y los resultados de los programas de ajuste estructural llevados a cabo en el país, sino que también desgranaron los fundamentos ideológicos que los sustentaban.

Los universitarios explicaron, entonces, la concepción y el pensamiento de la escuela de Chicago, sostenedora intelectual de los PAE:

"Para lograr equilibrio en los mercados de factores y que a cada cual le corresponda 'su' retribución óptima, es necesario derogar los obstáculos que impiden el libre juego de oferta y demanda. En este sentido, desde este paradigma se considera que *los precios y los salarios son, en la práctica, rígidos a la baja*, razón por la cual la política de intervención del gobierno resulta necesaria, no —como se defendía en el keynesianismo— para asegurar la meta de pleno empleo, sino para lograr la flexibilidad del salario (y de los precios en general)".

Los monetaristas, tan preocupados por el valor de la moneda y los índices inflacionarios, y no por la tasa de desocupación ni por los porcentuales de pobreza (alguien debe pagar el ajuste), construyen todo su edificio teórico sobre el excedente monetario en manos de los sectores más ricos de la sociedad.

Sigue el informe salvadoreño:

"Dicha argumentación se completa con el análisis de que 'salarios nominales más bajos conducirían a precios más bajos, incrementando, de este modo, el valor real de la tenencia de dinero que a su vez estimularía los gastos de consumo'. Consecuentemente, bajar los precios podría acrecentar la oferta real de dinero (y con ello el nivel de ahorro), logrando una contracción de las tasas de interés, estimulando así la inversión, producción, empleo e ingresos".

La visión de la escuela de Chicago, que es la del Fondo Monetario Internacional y la que subyace en los programas de ajuste estructural, considera el trabajo como parte de una ecuación en la que el resultado se mide por la mayor o menor tasa de ganancia de las empresas.

Según esta mirada, la fuerza laboral supone un costo y, cuanto más bajo sea éste, mayores serán los beneficios que obtenga el capital invertido. Y siguiendo con esa lógica, el excedente monetario quedará exclusivamente en manos del capitalista, quien se verá beneficiado, además, por la baja en la tasa de interés bancario, asegurándose créditos más baratos. En suma: un rendimiento colosal del capital invertido.

Hambre y maquiladoras

El gobierno salvadoreño del partido ARENA tuvo, sin embargo, un mérito: fue el que más claramente expuso los verdaderos objetivos que buscaba el programa de ajuste estructural, denominado, curiosamente, Plan de Desarrollo Económico y Social. Recuerdan los universitarios salvadoreños:

"En el Plan de Desarrollo Económico y Social 1989-1994, presentado por la administración de Cristiani, aparecía plasmada la complicación de los 'salarios en desequilibrio'. Dicho documento exponía que los/as trabajadores/as 'poseían un salario anormalmente alto, debido a razones ajenas al mercado, por lo tanto, con la liberalización de la economía, los salarios reales tendrían que disminuir ya que al encontrarse artificialmente altos con respecto al salario de equilibrio, no harían más que generar desempleo'".

Pero la política laboral exigida por el programa fondomonetarista no se contentaba sólo con ajustar los salarios a la baja. Imponía la "flexibilización", o sea, una manera elegante de reclamar precarización en las condiciones de trabajo, imposición de contratos temporales que, en los hechos, eliminaba la indemnización por despido, y congelamiento de los salarios mínimos. Además, exigía que se eliminaran los pagos adicionales por feriados, nocturnidad y horas extras, así como el período pago por maternidad, entre otras muchas pérdidas de las conquistas laborales.

El trabajo de los economistas de la Universidad de El Salvador incluye cifras que muestran, de modo elocuente, cuál fue la suerte de los trabajadores de ese país a partir de la implantación de los programas de ajuste.

En 1980, el salario mínimo de un trabajador de la industria, el comercio o los servicios era algo superior a los 300 dólares mensuales. En 1989, cuando comenzó el programa del FMI, estaba en 140 dólares por mes. En el año 2000 había caído hasta los 90 dólares mensuales.

El vertiginoso deterioro en la calidad de vida de los trabajadores salvadoreños quedó evidente en su (in)capacidad de alimentarse, nada menos. En 1989, un trabajador industrial necesitaba dos salarios mínimos para acceder a la Canasta de Mercado Mensual Promedio. En el 2000, ya requería siete salarios mínimos.

El proclamado objetivo de "mejorar la posición externa" del país, o sea aumentar el ingreso por la vía de las exportaciones de productos no tradicionales, se pensaba lograr —y se logró— mejorando la competitividad, pero en base a mano de obra muy barata. Como ocurrió en otros países de Centroamérica, Costa Rica por ejemplo, empresas estadounidenses o europeas instalaron sus maquiladoras en el territorio, beneficiándose con los bajísimos salarios y la exención de impuestos.

Empero, la competitividad alcanzada sobre la base del deterioro en la calidad de vida de la población es sostenible sólo por algunos años.

Los constantes avances tecnológicos que producen las empresas de los países desarrollados obligan a las maquilas a rebajar más y más los salarios de sus trabajadores para continuar siendo competitivas. La flexibilización laboral y la baja de los salarios ni siquiera han producido mejoras en el nivel de ocupación y crecimiento del PIB. Por el contrario, ha profundizado la informalidad, y cada lustro el PIB retrocede.

Dicen los economistas salvadoreños, acaso como una conclusión irrebatible:

"Un vacío importante de la concepción neoliberal es que, al suponer al ser humano como factor de producción, hace abstracción de que esa misma masa de personas asume el rol de consumidoras en la esfera de la circulación. En ese sentido, deteriorando su capacidad adquisitiva, se logra al mismo tiempo socavar la magnitud de los mercados [...] Esta debilidad en la demanda, producto de la política salarial contractiva, puede haber contribuido a la falta de inversión productiva en el país. Lo cual obstaculiza la generación de plusvalor en la economía salvadoreña, y mina las bases del crecimiento económico en el largo plazo".

Más bondades

El Salvador, tanto como Guatemala, se han convertido en verdaderos paradigmas de las consecuencias que se tuvieron en Centroamérica con la intervención del FMI y sus programas de ajustes estructurales.

Sería ocioso repasar el caso de Costa Rica, que se diferencia poco de los anteriores. Sólo valdrá la pena aportar un dato que por sí sólo define el nivel de vulnerabilidad económica de aquella nación.

Luego de la puesta en marcha del PAE, se instaló en el país Intel, una empresa productora de alta tecnología dispuesta a aprovechar los beneficios fiscales que le ofrecía el gobierno costarricense y, además, la mano de obra barata.

Un informe del Boletín económico de ICE, firmado por Mario Eduardo Firmenich, no tan rígido con las "bondades" del Plan de ajuste, dice, sin embargo:

"Las exportaciones de Intel representan un tercio de las exportaciones totales; cuando las mismas sufrieron caídas por motivos propios del mercado internacional, implicó un duro golpe en la economía costarricense. A su vez, cuando Intel expande su producción tiene un alto impacto macroeconómico; en 1998 el crecimiento fue del 8,4 por 100, pero el 60 por 100 del mismo es atribuido a Intel. En 2004 la tasa de crecimiento del valor agregado de la industria manufacturera (1,5 por 100) disminuyó 7 puntos porcentuales con respecto a 2003, lo que se debió a la reducción de 34,5 por 100 de las exportaciones de microprocesadores fabricados por Intel".

No parece sencillo augurarle un venturoso futuro de crecimiento económico a un país con semejante dependencia de una sola empresa. Mucho menos, si se tiene en cuenta que tanto Intel en Costa Rica como otras de semejantes características en otros países centroamericanos están instaladas en las llamadas "zonas francas" (libres de impuestos), y que esa radicación tiene plazos perentorios estipulados por la Organización Mundial de Comercio.

Capítulo 4
DE CLEPTÓCRATAS, FINANCISTAS
Y UN HOMBRE HONESTO

"La responsabilidad social de los negocios
consiste en incrementar sus beneficios".

Milton Friedman

África –en especial el África subsahariana– se ha convertido en los últimos años en un verdadero dolor de cabeza para el tándem FMI-Banco Mundial. La emergencia alimentaria por la que atraviesan muchos de los países, y los programas de ajuste estructural que el Fondo prescribió allá por los años 80 para reconfigurar las economías de estos países, han llevado la situación a límites verdaderamente dramáticos.

Para muchos de los países del continente, ya no se trata siquiera de resolver aspectos vinculados con el gasto público o el servicio de la deuda. Se trata simplemente de poder darles de comer a millones de africanos.

La intervención en África de estas dos instituciones de Bretton Woods, recetando la misma medicina que en América Latina, produjo daños mucho más dolorosos y permanentes que en cualquier otro lugar del planeta.

Lo verdaderamente grave de la intervención del FMI es que era imposible no advertir, cuando se obligó a esos países a adoptar programas de ajuste, que semejantes medidas iban exactamente en sentido contrario a cualquier política económica racional.

Un modelo empobrecedor

Pocos años atrás, Artur Colom Jaén, uno de los más importantes economistas con que cuenta el plantel docente de la Universidad Autónoma de Barcelona, dio a conocer un trabajo completo y detallado sobre la estructura económica de estos países; desde antes, incluso, de sus respectivas independencias. Y ese trabajo demuele todos los argumentos del FMI y el Banco Mundial para justificar sus políticas en esa región.

A finales del siglo XIX, los países centrales de Europa se embarcaban en una agresiva política imperialista, con rasgos diferentes del colonialismo que habían ejercido hasta entonces.

Apunta Colom Jaén:

"En el campo concreto de la acción política y militar, las potencias europeas quisieron ir más allá del dominio proporcionado por los establecimientos comerciales costeros y, a partir de 1870, se lanzaron a la definitiva conquista de África".

El proceso se completaría a comienzos del siglo XX, cuando prácticamente todo el continente se había convertido en colonia de alguna potencia europea. Se trataba de colocar allí los excedentes de capital y la sobreproducción de productos manufacturados.

En función de ese esquema, en el que África exportaba a los centros coloniales materia prima y recibía desde las metrópolis productos elaborados, se montó lo que Colom Jaén denomina desarrollo "extravertido", pues:

"Dicho modelo se caracteriza por la *especialización* en uno o muy pocos productos y la orientación exportadora de su sector productivo 'moderno'".

Así, sin un sistema integrado de actividad económica, África obtiene sus recursos de exportar lo que requieren los países avanzados de Europa, pero sin generar ni mercado interno ni complementariedad en las actividades productivas nacionales.

En su trabajo, el economista catalán da un ejemplo que resulta sumamente elocuente. Si en un país desarrollado, dice, se monta una fábrica de automóviles, esa inversión tiene efectos *hacia atrás*, por el aumento en la demanda de todos los componentes que se requieren para fabricar el vehículo (metal, plástico, vidrio, etc.). Pero también tiene efectos *hacia adelante*, porque el aumento del parque automotor exigirá la construcción de nuevas carreteras, estacionamientos, etcétera.

En un país periférico, en cambio, sólo generará puestos de trabajo y aumento en la producción, y al mismo tiempo requerirá mayores importaciones para abastecer a dicha fábrica de los productos intermedios y de bienes de capital.

Así las cosas, África ha establecido una relación de profunda dependencia con sus antiguas metrópolis, tanto en lo comercial como en lo financiero, ya que hasta las actividades económicas más elementales son financiadas por capital extranjero.

Sintetiza Colom Jaén:

"En lo fundamental, en África este esquema no ha variado demasiado. Las actividades productivas del sector 'moderno' se continúan orientando hacia el exterior, y siguen especializadas en unos pocos productos con poco valor añadido. La desarticulación entre sectores productivos persiste, y su consecuencia, la desintegración, impide el pleno aprovechamiento de los efectos multiplicadores de eventuales inversiones".

África, entonces, fue reducida a ser, simplemente, un continente exportador de productos primarios: madera, café, cacao, algodón, minerales y, en algunos casos, petróleo. Exportaciones todas con bajísimo valor agregado, y que, en lo sustancial, van privando al continente de necesarias fuentes de alimento.

Hacia el año 2000, a unas cuatro décadas de los procesos de independencia de la mayoría de estos países, algunos datos explicaban claramente el inviable modelo de crecimiento que se ha puesto en práctica en la África subsahariana, en particular.

Mientras en los países desarrollados el peso de la exportación de productos básicos en el total de las exportaciones era de 15,8%, en África subsahariana, excluyendo a Sudáfrica, llegaba a 79,2%.

Un intento abortado

En la década de los 60, el proceso de descolonización en África avanzó a pasos acelerados y en un marco que no podía ser más propicio. En América Latina crecían los movimientos políticos que propugnaban la "liberación nacional", se debatía el rol del imperialismo y se discutían las teorías de la dependencia y del desarrollo en los países periféricos. El Tercer Mundo entraba así al escenario político y económico mundial.

En Santiago de Chile, dos sociólogos brasileños, Fernando Henrique Cardoso y Enzo Faletto, escribieron entre 1966 y 1967 *Dependencia y desarrollo en América Latina*, una obra fundamental para explicar las relaciones económicas entre los países ricos y los de la periferia.

Allí, procurando sentar las bases para el desarrollo autosustentado en los países del Tercer Mundo, los autores decían, casi proféticamente:

"Éste debería basarse en los estímulos del mercado interno y en la diferenciación del sistema productivo industrial, lo que conduciría a la creación de una industria propia de bienes de capital".

Y agregaban, casi como si estuvieran detallándoles una hoja de ruta a los nuevos líderes africanos, emergentes de los procesos emancipadores:

"Los vínculos con el mercado internacional continuarían actuando tanto por la necesidad de asegurar compradores para los productos de exportación como por la necesidad de obtener inversiones del exterior. Sin embargo, la expansión del mercado interno debería asegurar por sí sola el desarrollo continuado. La instalación de 'industrias exportadoras' seguiría siendo necesaria para mantener la 'capacidad de importar', pero el sentido fundamental del desarrollo no lo daría el mercado externo sino el interno".

Once años antes de que Cardozo y Faletto comenzaran a escribir su obra, en Bandung, Indonesia, el grupo de Países no Alineados (ni con Moscú ni con Washington) emitió un documento, abordando la misma cuestión que los pensadores brasileños, y alcanzando conclusiones similares.

Así las resume Colom Jaén:

"-El desarrollo de la industria y la diversificación productiva son el eje de la política de autocentramiento, clave para romper la situación de dependencia.

-El desarrollo de las fuerzas productivas es una mera cuestión técnica.

-El Estado nacional debe dirigir y controlar el proceso. Esto no implica la participación del pueblo, sino solamente su apoyo".

Por aquellos años, asistidos teóricamente por el trabajo de decenas de sociólogos y economistas tercermundistas, los líderes africanos procuraron llevar a la práctica un modelo de desarrollo que los sacara de la pobreza y la dependencia.

No era sencillo pero, como apunta el economista catalán, al menos hasta la primera crisis del petróleo en 1973 los niveles de crecimiento de África fueron alentadores, y hasta los inversores extranjeros imaginaron que podía estar gestándose una robusta recuperación económica.

Sin embargo, buena parte de ese crecimiento seguía explicándose a partir de la demanda de materia prima del mundo desarrollado, aunque el proceso de sustitución de importaciones se había puesto en marcha.

La crisis del petróleo hizo entrar en recesión a los países industrializados, el proceso inflacionario del Primer Mundo aumentó el precio de los productos que importaba África, y cuando en 1979 la economía mundial comenzó a recuperarse, los países africanos comprendieron que las nuevas políticas puestas en marcha no eran suficientes.

Regresemos a Colom Jaén:

"Conscientes del estancamiento y de la crisis, en 1979 los gobiernos africanos, agrupados bajo el paraguas de la Organización para la Unidad Africana, diseñaron un marco de estrategias colectivas que debía facilitar la salida de la crisis y sentar las bases de un modelo de desarrollo alternativo [...]. Se acuña el término *collective self-realiance*, traducible por autosuficiencia colectiva, que remite al establecimiento de un modelo de desarrollo autocentrado, endógeno, en oposición al modelo extravertido".

El plan PAL (Plan de Acción de Lagos), que se aprobó en abril de 1980 y que podía haber sido, en efecto, el camino para el desarrollo de África, fue inmediatamente vetado por el Fondo, el Banco Mundial y Washington.

Desde el Norte se respondió que el desarrollo africano sólo podía venir de la mano de la apertura de la economía, el control del gasto público y el aprovechamiento de las ventajas competitivas con que contaba África para exportar materias primas.

Detrás llegó la receta del plan de ajuste estructural, que habría de ser el golpe de gracia a la última posibilidad africana de escapar de la pobreza y la dependencia extrema.

Decisiones políticas

La mayoría de los ciudadanos del mundo, fuertemente influidos por los grandes medios de comunicación, dan por sentado que tanto el Fondo Monetario Internacional como el Banco Mundial son organismos internacionales dedicados pura y exclusivamente a intervenir en los países miembros en cuestiones económicas o financieras. Más aun, los estatutos fundacionales de ambas instituciones prescriben claramente la no injerencia política de los organismos.

Sin embargo, lejos están de esa prescindencia que proclaman sus estatutos. Tanto el Fondo como el Banco Mundial no sólo operan a favor de intereses económicos determinados, sino que han acompañado desde hace varias décadas la política externa de los Estados Unidos.

Las dos entidades asistieron generosamente a cada una de las dictaduras que propiciaba y sostenía Washington, y ambas también apoyaron a la Rumania de Ceaucescu, cuando el tirano amenazaba a la URSS con abandonar el Pacto de Varsovia.

Dice Eric Toussaint, refiriéndose al Banco Mundial:

"El Banco decide regularmente en función de consideraciones políticas. Esto porque la calidad de las políticas económicas llevadas a cabo no es el elemento determinante en sus decisiones. El Banco ha prestado regularmente dinero a autoridades de un país a pesar de la mala calidad de su política económica y de un alto nivel de corrupción: Indonesia y Zaire son dos casos emblemáticos de lo anterior. Más precisamente, las decisiones del Banco relativas a países de una gran importancia política para sus principales accionistas están regularmente ligadas a los intereses y a la orientación de éstos, empezando por los Estados Unidos [...]. La ortodoxia monetarista es de geometría variable: las variaciones dependen mucho de factores políticos y geoestratégicos".

Otro caso notable

En marzo de 1966, Haji Mohammad Suharto, un general de la fracción derechista del ejército indonesio, perpetró un golpe de Estado que habría de sumir al país en la más sangrienta dictadura de su historia.

Por ese entonces, Indonesia ensayaba un camino político y económico independiente de los dictados de Estados Unidos, y Washington ordenó y preparó el asalto al poder por parte de uno de los militares más sanguinario y corrupto de las fuerzas armadas indonesias.

La dictadura en el poder, rodeada y asesorada por agentes de la CIA, comenzó su gestión poniendo en marcha un proceso de "limpieza" de opositores e izquierdistas. Era una forma rápida y efectiva de "desmalezar" un camino que permitiese cambiar por completo la política económica que, hasta el golpe de Estado, había llevado adelante la administración del depuesto presidente Ahmed Sukarno.

Mediante una nueva ley de inversiones extranjeras, la dictadura puso en marcha un proceso de re-privatizaciones de empresas que habían sido nacionalizadas por el gobierno anterior, y volvió a asociar a Indonesia como miembro del FMI y del Banco Mundial, quienes inmediatamente pasaron asistirla económicamente. Apenas perpetrado el golpe de Estado y anunciadas las reformas económicas, el FMI otorgó un préstamo de 174 millones de dólares y procedió a refinanciar otros 534 millones más, en concepto de servicios de la deuda externa.

En 1975, con el apoyo y las armas de Estados Unidos, el ejército indonesio invadió Timor Oriental con el objetivo de anexar el pequeño país a Indonesia y desalojar del poder al Frente Revolucionario de Timor Oriental Independiente (FRETILIN).

La ocupación duró 22 años, período durante el cual el ejército invasor masacró a más de 100.000 timorenses. Nada de eso importó. Estados Unidos seguía apoyando a la dictadura de Suharto, y las entidades financieras acompañaban a la superpotencia con nuevos préstamos y refinanciaciones al país asiático.

La dictadura indonesia cayó el último mes de 1998, empujada por una oleada de movilizaciones populares que amenazaba con derivar en una guerra civil. Cuatro años después de la caída del tirano, la deuda externa de Indonesia se situaba en 79.000 millones de dólares, y en 2004 Transparency International informaba que, en los 32 años que estuvo en poder, Mohammad Suharto había malversado entre 15.000 y 35.000 millones de dólares. El propio Banco Mundial debió admitir que entre 20% y 30% del presupuesto destinado a desarrollo se había escurrido por la canaleta de la corrupción.

Estado Unidos había engendrado a un monstruo sanguinario y corrupto, y los organismos de crédito lo habían financiado.

Subrayan Eric Toussaint y Damien Millet:

"Desde el principio, la relaciones del Banco Mundial con Indonesia tuvieron un carácter particular. La primera visita del nuevo presidente del Banco Mundial, Robert McNamara, fue a Indonesia. El Banco construyó y mantuvo la visión del milagro indonesio, aunque era plenamente consciente de las prácticas fraudulentas del régimen de Suharto. A pesar de todo, y con el fin de satisfacer intereses de naturaleza política y geoestratégica, no se redujeron los créditos, que incluso fueron en constante aumento".

En 1998, el año en que cayó la dictadura de Suharto, se calculó que la quinta parte de la deuda externa contraída por los países emergentes había ido a parar a manos de dictadores sanguinarios, corruptos pero funcionales a las necesidades de los Estados Unidos en su cruzada contra el comunismo internacional.

Lo cierto y reiterado es que Suharto, por supuesto, pero también Marcos en Filipinas y Mobutu Sese Seko en Zaire, estuvieron entre los beneficiarios de préstamos y refinanciaciones de deuda. Tanto el Banco Mundial como el FMI no ignoraban el destino de los fondos, pero siguieron alimentando las malversaciones, porque Washington necesitaba políticamente a esos gobernantes corruptos.

Ceguera voluntaria

La República de Zaire nació el 27 de octubre de 1971 y murió el 17 de mayo de 1997. Antes era el Congo belga y después fue la República Democrática del Congo. Los años en los que el Congo fue Zaire son parte de un tiempo en que, con el curioso título de "presidente", reinó uno de los personajes más corruptos y extravagantes que dio la rica historia del continente africano.

Nacido con el nombre de Joseph-Désiré Mobutu, el hombre que era originario de la ciudad de Lisala, y tras una exitosa carrera en el ejército, fue nombrado Comandante en Jefe por Patrice Lumumba. Finalmente, Mobutu cambió su nombre, tras siete años de haber perpetrado un golpe de Estado.

En 1972 Mobutu pasó a llamarse Mobutu Sese Seko Nkuku Wa Za Banga, que significa "el guerrero todopoderoso que va de conquista en conquista y deja fuego a su paso". El notable escritor peruano Santiago Roncagliolo dice, en una nota bibliográfica en la que analiza el libro de Michaela Wrong sobre la vida de Mobutu, y refiriéndose al cambio de nombre:

"Pero también puede interpretarse como 'el gallo que pisa a todas las gallinas'. En efecto, Mobutu tenía la costumbre de ejercer el derecho de pernada presidencial con todas las mujeres que encontrase a su paso. Tuvo diecisiete hijos reconocidos. Y sus amantes simultáneas más famosas eran gemelas, porque eso da buena suerte".

Continuando con el análisis del libro de Wrong, Roncagliolo se detiene en algunos datos que ningún burócrata fondomonetarista podía ignorar:

"Uno de los capítulos más surrealistas está dedicado a su palacio de Gbadolite, 'el Versalles de la jungla', que medía quince mil metros cuadrados y tenía puertas de malaquita de siete metros de altura. Gbadolite incluía discoteca, piscina olímpica y refugio nuclear, todo forrado en mármol y decorado con arañas de Murano, cristalería de Venecia y tapices de Aubusson. Como estaba en el corazón de la selva, cada adorno debía llevarse en avión especialmente. Sólo trasladar el pastel de boda de su hija costó US$ 65.000. Eso sí, el transporte solía ser rápido, porque el palacio tenía una pista de aterrizaje propia decorada con una pagoda donde a menudo pasaba días el *Concorde* que Mobutu le alquilaba a Air France, porque no conseguía dormir en los aviones normales".

Se calcula, que ya en 1984, la fortuna personal de Mobutu ascendía a los 4.000 millones de dólares, depositados en bancos suizos. Curiosamente, la cifra era casi la misma que la de la deuda externa que por entonces tenía Zaire, bautizado así en 1971 por el "guerrero todopoderoso".

Cuatro años después, el país entró en cesación de pagos.

El 30 de junio de 2009, el periódico estadounidense *Wall Street Journal*, insospechado de cualquier tentación izquierdista y tribuna del sector financiero, decía, en un artículo firmado por Dambisa Moyo:

"En Zaire —hoy en día conocido como República Democrática del Congo—, Irwin Blumenthal (nombrado por el FMI en un cargo en el banco central del país) advirtió en

1978 que el sistema era tan corrupto que había 'ninguna (re-
pito, ninguna) posibilidad de que los acreedores de Zaire re-
cuperaran su dinero'. Aun así, el FMI pronto le dio al país
el mayor préstamo que había otorgado a un país africano.
Según la agencia de monitoreo *Transparency International*,
Mobutu Sese Senko, el presidente de Zaire entre 1965 y
1997, habría robado al menos US$ 5.000 millones al país".

Lo que ocurría, en realidad, era que para Estados Unidos especialmente, pero también para otros países europeos,
como Francia y Bélgica por ejemplo, el cleptócrata funcionaba a nivel de política internacional como un aliado importante dentro de un continente en el que actuaban distintos
movimientos revolucionarios apoyados por la Unión Soviética. Y, en el marco de la Guerra Fría, ni el FMI ni el Banco
Mundial eran neutrales.

Pero, terminada la Guerra Fría e iniciado el proceso de
penetración mundial del neoliberalismo, los aliados ya no
eran quienes combatían a las izquierdas, sino los que abrían
las fronteras de sus países a las manufacturas de los países
industrializados, a las privatizaciones de las empresas públicas, a la libre circulación de los capitales especulativos y a los
fugadores de divisas.

Completa Moyo:

"Hace un mes [mayo del 2009], el expresidente de Malawi
Bakili Muluzi fue acusado de desviar dinero de ayuda por
US$ 12 millones. El expresidente de Zambia Frederick
Chiluba (uno de los consentidos del desarrollo entre 1991 y
2001) se mantiene involucrado en un caso legal que ha reve-
lado que millones de dólares fueron desviados de programas
de salud, educación e infraestructura hacia su propio fondo
de efectivo. Y, sin embargo, la ayuda continúa llegando".

El apoyo de las dos entidades de Bretton Woods a distintas dictaduras en el mundo entero ni es nuevo ni dejará de

ocurrir, al menos mientras esas instituciones no sean sometidas a una profunda transformación, algo que muchos países en las cumbres del G-20 han requerido, pero que nunca sucedió.

En setiembre del año 2010, sólo cuatro meses antes de que el dictador tunecino Ben Alí debiese abandonar el país, corrido por una ola de revueltas populares, el informe del Fondo Monetario Internacional se congratulaba por la excelente marcha del ajuste estructural que se estaba llevando a cabo en Túnez. Alí, al igual Mubarak, el dictador egipcio, habían sido dos de los ejemplos de buena administración y desarrollo que Dominique Strauss-Kahn, el exdirector del FMI, exhibió al mundo.

Finanzas sí, pollos no

Vamos a citar dos o tres ejemplos desde la perspectiva de un estudioso tan notable como difundido al hablar de las políticas de ajuste y liberalización de la economía que requiere el FMI.

"Stiglitz es un economista fuera de serie", escribió Paul Krugman en una de sus habituales columnas del *The New York Times*. Y tenía razón por muchas cuestiones. Entre ellas, por la capacidad para observar el funcionamiento del FMI y del Banco Mundial, sin ideologismos, sin dogmatismos, pero también sin concesiones.

Joseph Stiglitz cree en el libre mercado, en las privatizaciones y en la austeridad fiscal, lo que a los ojos del establishment económico lo convierte en un profesional digno de ser escuchado con atención. No es un pensador marxista y tampoco simpatiza con ciertos modelos populistas. Pero tiene −como podría decir Krugman− una honestidad intelectual a prueba de balas. Sabe que la economía no es una ciencia exacta y que, si no sirve para mejorar la vida de la gente, se convierte en un arma letal.

De entre toda su producción hay dos obras que, a los efectos de comprender la lógica del FMI, merecen ser leídas con cuidado. Una, publicada en 2002, es *El malestar de la globalización*. La otra, que vio la luz en 2010, es *Caída libre*.

La primera fue escrita muy poco tiempo después de haber renunciado al Banco Mundial. En ella, Stiglitz cuenta que, al ingresar al Banco, y como pensaba abocarse a la cuestión del desarrollo de los países emergentes, recorrió buena parte del territorio que sería su objeto de estudio.

Dice, por ejemplo:

"Visité docenas de países en todo el mundo y hablé con miles de funcionarios, ministros de Hacienda, gobernadores de bancos centrales, académicos, trabajadores del desarrollo, personas de las Organizaciones No Gubernamentales (ONG), banqueros, hombres de negocios, estudiantes, activistas políticos y agricultores. Me encontré con la guerrilla islámica en Mindanao [...], recorrí el Himalaya para llegar a escuelas remotas en Bhután o en un pueblo de Nepal con un proyecto de riego, comprobé el impacto de los créditos rurales y los programas de movilización femenina en Bangladesh, y el efecto de los programas de reducción de pobreza en poblados de los parajes montañosos más pobres de China...".

O sea, es difícil contarle a este hombre qué es lo que pasa fuera de los escritorios y las salas de reuniones. Y desde ese lugar de observador privilegiado, lejos de los suntuosos hoteles desde donde ven "la realidad" los técnicos fondomonetaristas, Joseph Stiglitz hace observaciones tan cotidianas y concretas como demoledoras para los dogmáticos especialistas de Washington.

Cuenta, por ejemplo, que en Marruecos una ONG les había enseñado a las mujeres de un pueblo todas las técnicas para llevar a cabo exitosamente la cría de gallinas, una actividad que podían compatibilizar perfectamente con sus tareas domésticas. Estas mujeres les compraban los polluelos de siete días a una empresa pública.

Sin embargo, recuerda Stiglitz, el proyecto había fracasado. Cuando el economista trató de averiguar las razones por las que el emprendimiento se había frustrado, los pobladores y los funcionarios públicos les explicaron que el FMI había dicho que el gobierno no debía dedicarse al negocio de los pollos, por lo que la empresa dejó de venderlos.

"Simplemente se supuso —escribe Stiglitz— que el sector privado inmediatamente llenaría el vacío. Un proveedor privado, en efecto, llegó para suministrar polluelos a la gente. La tasa de mortalidad de los pollos en las primeras dos semanas era elevada, y la empresa privada no estaba dispuesta a garantizar la oferta. Los pobladores no podían asumir el riesgo de comprar pollos que murieran en un porcentaje tan abultado. Y así fue como una industria naciente, destinada a cambiar la vida de esos pobres campesinos, desapareció".

Acaso, si algún burócrata del Fondo se hubiese tomado el trabajo de observar en el terreno cómo funcionaba la incipiente industria, en lugar de recitar la biblia de Friedman, la vida de muchas personas hubiese sido menos impiadosa. Nadie le pediría, en última instancia, que coincidiese con Marx.

La eficiencia no cuenta

Stiglitz no se cansa de denostar el exasperante dogmatismo de los hombres del FMI. Señala, por ejemplo, que el organismo da por sentado que los mercados surgen inmediatamente para cubrir cualquier necesidad, algo que toda la experiencia histórica ha demostrado que no es así. Recuerda que en el propio Estados Unidos se debió crear la Asociación Nacional Federal de Hipotecas (*Fannie Mae*) porque el sector privado se negaba a otorgar hipotecas en condiciones razonables a las familias de ingresos medios y bajos.

Otro de los dogmas con los cuales el FMI ha desequilibrado las estructuras económicas de los países en desarrollo es que las privatizaciones deben llevarse a cabo en el menor tiempo posible. De la competencia y las regulaciones se ocupará luego el mercado.

Stiglitz cuenta que en Costa de Marfil, por ejemplo, se privatizó la compañía telefónica sin haber establecido antes un marco regulatorio. Además, la empresa compradora convenció al gobierno de que le concediera el monopolio de los teléfonos fijos tanto como de los nuevos servicios de teléfonos celulares.

"La empresa privada subió tanto las tarifas –apunta Stiglitz– que, por ejemplo, los estudiantes universitarios no podían acceder a Internet, algo esencial para impedir que la ya acusada desigualdad en el acceso digital entre ricos y pobres se acentúe aun más".

En este caso, el premio Nobel explica perfectamente por qué el Fondo acepta desestimar todo tipo de consideración respecto de regulaciones y competencia. Privatizar un monopolio no regulado, explica, le aporta más dinero al Estado, lo que contribuye a disminuir el déficit público y a equilibrar los factores macroeconómicos, que es lo que verdaderamente le preocupa al FMI; no los aspectos estructurales como la eficiencia y la competitividad.

Achicar el Estado

Con ese coraje intelectual, Joseph Stiglitz se anima a transitar un terreno espinoso que ha partido aguas entre las distintas escuelas económicas: las privatizaciones.

La cuestión del empleo es la primera fuente de disputa entre quienes están a favor de las privatizaciones y quienes se oponen a ellas, según señala el premio Nobel. Despedir trabajadores puede hacer más rentable a una determinada empresa, pero el costo social que deriva de enviar trabajadores a la calle puede ser perjudicial para la economía en general, aunque beneficie a la empresa que reduce su plantilla. Si el país no tiene una malla de contención, o su estructura económica no dispone de mecanismos capaces de absorber a quienes han perdido sus empleos en el marco de una privatización, los costos sociales acabarán perjudicando y no mejorando al aparato productivo.

Según Stiglitz:

"Desplazar gente desde empleos poco productivos en empresas públicas al paro no incrementa la renta nacional del país, y ciertamente no aumenta el bienestar de los trabajadores. La moraleja es sencilla y volveré sobre ella repetidamente: la privatización debe ser parte de un programa más amplio, que implique la creación de empleo a la vez que la destrucción del mismo provocada a menudo por las privatizaciones [...] No se trata de asuntos pragmáticos de 'implementación', sino de asuntos de principios".

Pero, además de los costos sociales que tan acertadamente subraya Stiglitz, existen otros daños tanto o más graves que éstos.

Cuando las empresas privatizadas atienden servicios públicos (como en la mayoría de los casos de privatizaciones) y son naturalmente monopólicas, las regulaciones estatales, si las hay, casi nunca logran contener las políticas empresariales de aumentar constantemente los beneficios.

El resultado, para los consumidores, es que el precio que deben abonar por el servicio sube y la calidad de éste desciende, ya que una de las formas de maximizar ganancias es la de retacear inversiones.

Muchos, acaso la mayoría, de quienes padecen aumentos y degradación en la calidad del servicio jamás trabajaron en la empresa cuando era pública, y tampoco padecieron los despidos. Sin embargo, también ellos son víctimas de esa privatización.

Pero hay más, y Argentina fue, una vez más, un ejemplo emblemático.

En los años 90, el gobierno privatizó todas las empresas públicas incluyendo YPF, la compañía estatal que se dedicaba a la extracción y abastecimiento de petróleo y gas. Hasta esa fecha, Argentina era autosuficiente en el abastecimiento de ambas fuentes energéticas.

La empresa privada extranjera que obtuvo la concesión, al tener plantas en muchos lugares del mundo, decidió que su rentabilidad dependía de las inversiones que debía realizar en cada país para extraer petróleo y gas. Resolvió, entonces, aumentar la producción en aquellos en que menos inversiones debía hacer, y disminuirla en los que las inversiones debían ser mayores.

El resultado fue el previsible. Argentina no sólo dejó de ser autosuficiente, sino que en la actualidad debe importar petróleo y gas por miles de millones de dólares cada año para poder abastecer las necesidades del país. Y si crecen su mercado interno, el consumo y la industria local, más debe importar. Son miles de millones de dólares que no pueden destinarse a salud, educación, infraestructura, etc. Es decir, a calidad de vida de su población.

Nada sin el individuo

Otro aspecto decididamente controversial, y que sin embargo es una de las principales banderas del Fondo Monetario Internacional, es la llamada "liberalización".

Se trata, como ya hemos visto, de que los países en los que interviene el Fondo para fijar condiciones de financiamiento

www.ingramcontent.com/pod-product-compliance
Lightning Source LLC
Chambersburg PA
CBHW071606170526
45166CB00003B/1008